I VERDICI E I BUCHI

La Sentiero della Cospirazione anti-Trump e l'Investigazione Mueller

Libro 2 di "A DISPETTO DI LORO"

Janvier T. Chando

TISI BOOKS

NEW YORK, RALEIGH, LONDRA, AMSTERDAM

PUBBLICATO DA TISI BOOKS

I VERDICI E I BUCHI : La Sentiero della Cospirazione anti-Trump e l'Investigazione Mueller
© 2019 di Janvier Chando

Tutti i diritti riservati. Nessuna parte di questo libro può essere riprodotta, archiviata in un sistema di recupero o trasmessa in qualsiasi forma o con qualsiasi mezzo senza la previa autorizzazione scritta degli editori, tranne che da un revisore che può citare brevi passaggi in una recensione da stampare su un giornale , rivista o giornale.

ISBN-13: 978-1-6959-1497-1

ISBN-10: 1-6959-1497-X

PUBBLICATO DA TISI BOOKS

www.tisibooks.com

NEW YORK, RALEIGH, LONDRA, AMSTERDAM

Stampato negli Stati Uniti d'America

Titoli di Saggistica di Janvier T.Chando

A DISPETTO DI LORO: La Presidenza a Due Mandati di Donald Trump
CAMERUN: il Sistema di Marionette Disfunzionali della Francia...
IL CANARIO EFFETTO IN UN MINIERA DI CARBONE:...
EROI CADUTI: I Capi Africani i cui Assassinazioni...
UCRAINA: Il Tiro Alla Fune Tra Russia e Occidente
CAMERUN: Il Cuore Infestato dell'Africa

Titoli di Finzione di Janvier Chando

L'Usurpatore: e Altre Storie
Agente Triplo, Doppia Croce
Discepoli della Fortuna
L'Unione Muzhik
Il Flash del Sole
La Chiamata della Fortuna
Il Maestro della Fortuna
I Figli della Fortuna
Lo Prima di Loro
La Leggenda di Fuoco e Ghiaccio
La Più Dolce Follia
Le Nonne
Il Fuoco della Fame
Le Sfumature del Fuoco
Padre e Figli
Il Dottore
Tonalità Scure
Legami Fatidici
Il Verdetto dell'Ade
La Prova di sua Maestà
Follia di Ngoko
L'Usurpatore
La Dote
Sono odiato
Il Allocco

Prossimi Titoli di Janvier Chando

Il Falco Bianco
I Incostante di Casa
Gli Orsi di Norilsk
Gli Amici Mortali

Dedicazione

Questo libro è dedicato ad Anna M. Chitja, alla dott.ssa
Samuel F. Tchwenko, a Christopher N. Chando

Riconoscimento

I miei ringraziamenti più profondi, più caldi ed eterni a Salomon Muna Yakana, Macdonald Chanda, Emos Mbiatom

Contenuto

I VERDICI
E
I BUCHI

Libro 2 di "A DISPETTO DI LORO"

Citazioni

"Scopriamo che attualmente la razza umana è divisa in un saggio, nove furfanti e novanta sciocchi su cento. Cioè, da un osservatore ottimista. I nove furfanti si riuniscono sotto lo stendardo del più furbo tra loro e diventano "politici"; il saggio si distingue perché sa di essere in inferiorità superflua e si dedica alla poesia, alla matematica o alla filosofia; mentre i novanta sciocchi si allontanano sotto gli stendardi dei nove cattivi, secondo la fantasia, nei labirinti di stregoneria, malizia e guerra. È piacevole avere il comando, osserva Sancho Panza, anche su un gregge di pecore, ed è per questo che i politici alzano i loro stendardi. È, inoltre, la stessa cosa per le pecore qualunque sia lo stendardo. Se si tratta di democrazia, i nove furfanti diventeranno membri del parlamento; se fascismo, diventeranno leader di partito; se comunismo, commissari. Niente sarà diverso, tranne il nome. Gli sciocchi saranno ancora sciocchi, i furfanti saranno ancora leader, i risultati saranno ancora sfruttamento. Per quanto riguarda il saggio, il suo destino sarà lo stesso sotto qualsiasi ideologia. Sotto la democrazia, sarà incoraggiato a morire di fame in una soffitta, sotto il fascismo verrà messo in un campo di concentramento, sotto il comunismo verrà liquidato."

T.H. White

"Ricorda, ricorda sempre, che tutti noi, e io e te in particolare, siamo discendenti di immigrati e rivoluzionari."
Franklin D. Roosevelt

"Siamo in procinto di creare ciò che merita di essere chiamato la cultura idiota. Non è una sub-cultura idiota trovata gorgogliare sotto la superficie in ogni società e che può fornire divertimento innocuo; ma la cultura stessa. Per la prima volta, lo strano, lo stupido e il grossolano stanno diventando la nostra norma culturale, persino il nostro ideale culturale."
Carl Bernstein

"Se vuoi fare pace con il tuo nemico, devi lavorare con il tuo nemico. Quindi diventa il tuo partner."
Nelson Mandela

"Ecco, è per i pazzi. I disadattati. I ribelli. I facinorosi. I pioli rotondi nei fori quadrati. Quelli che vedono le cose diversamente. Non amano le regole. E non hanno rispetto per lo status quo. Puoi citarli, non essere d'accordo con loro, glorificarli o diffamarli. L'unica cosa che non puoi fare è ignorarli. Perché cambiano le cose. Spingono in avanti la razza umana. E mentre alcuni possono vederli come i matti, vediamo il genio. Perché le persone che sono abbastanza pazze da pensare di poter cambiare il mondo, sono quelle che lo fanno."
Rob Siltanen

"L'umanità deve fermare le guerre prima che la guerra metta fine all'umanità".

John F. Kennedy

"L'uomo più pericoloso, per qualsiasi governo, è l'uomo che è in grado di pensare le cose da solo, senza riguardo alle superstizioni e ai tabù prevalenti. Quasi inevitabilmente arriva alla conclusione che il governo in cui vive è disonesto, folle e intollerabile e quindi, se è romantico, avrebbe provato a cambiarlo. E anche se non è romantico personalmente, è incline a diffondere malcontento tra quelli che lo sono."

H.L. Mencken

"I luoghi più bui dell'inferno sono riservati a coloro che mantengono la loro neutralità in tempi di crisi morale".

Dante Alighieri

"Alla fine, non sei misurato da quanto intraprendi, ma da ciò che alla fine realizzi."

Donald Trump

"Vivi come se dovessi morire domani. Impara come se dovessi vivere per sempre."

Mahatma Gandhi

"Tutto ciò che ascoltiamo è un'opinione, non un dato di fatto. Tutto ciò che vediamo è una prospettiva, non la verità."

Marcus Aurelius

"Non ho mai lasciato che la mia scuola interferisse con la mia educazione."

Mark Twain

"... Il mondo viene benedetto ogni tanto con anime uniche che, sebbene gravate dalle loro croci invisibili, hanno ancora la straordinaria forza di avanzare nella vita e dare agli altri una mano allo stesso tempo. Nonostante le loro tribolazioni, molti di noi pensano stanno andando bene. Anche quando il peso delle loro croci diventa insopportabile, anche quando procedono senza fiato, abbiamo ancora difficoltà a capire che stanno annegando. In effetti, li condanniamo persino per non aver sacrificato di più ..."

Janvier Chouteu-Chando, « Discepoli della Fortuna »

"Non è felice la persona con molti soldi. È la persona con abbastanza soldi che trova facilmente la felicità."

Alexander Zakharchenko

"Tu educi un uomo; tu educ un uomo. Tu educi una donna; tu educi una generazione."

Brigham Young

Mappe

Mappa degli Stati Uniti d'America

Mappa delle Elezioni Presidenziali del 2008

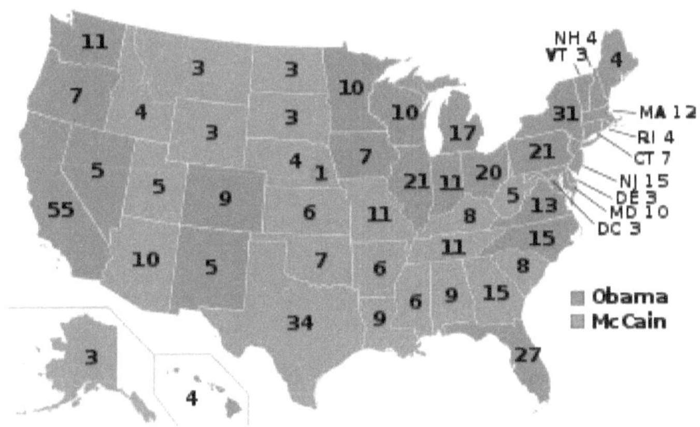

Mappa delle Elezioni Presidenziali del 2012

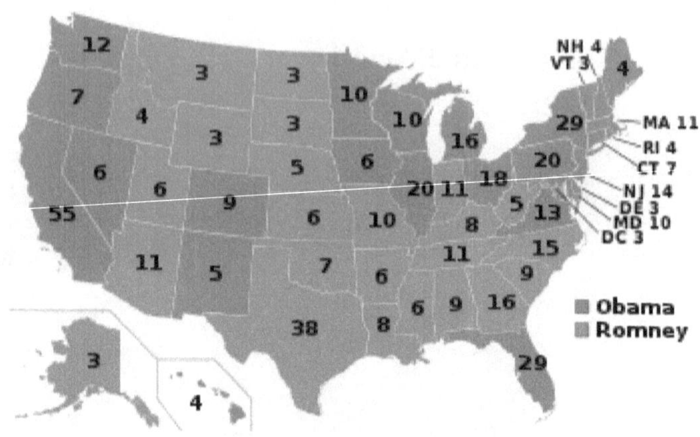

Mappa delle Elezioni Presidenziali del 2016

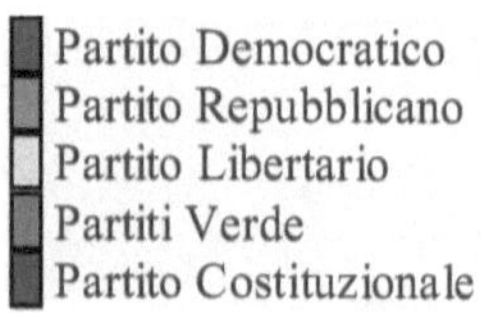

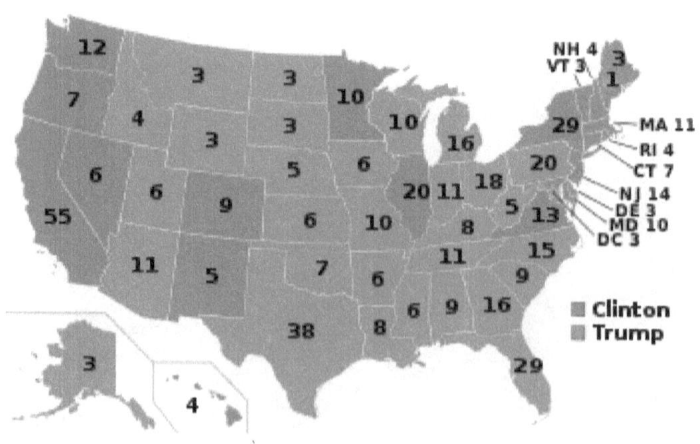

Sintesi dei Risultati delle Elezioni Presidenziali 2004-2016

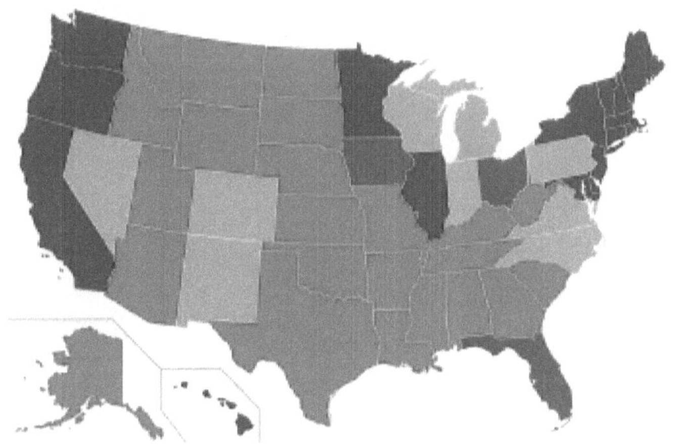

Introduzione

Sono trascorsi più di due anni e mezzo dall'inaugurazione dell'imprenditore e personaggio televisivo Donald John Trump come 45° e attuale presidente degli Stati Uniti d'America dopo la sua sorprendente vittoria contro Hillary Rodham Clinton, il candidato del Partito Democratico alle elezioni presidenziali 2016. L'affascinante natura delle elezioni è stata registrata nella memoria della Maggior parte degli americani e di un gran numero di cittadini di altri paesi del mondo, più di ogni altra elezione presidenziale precedente. Il suo trionfo elettorale è stato il culmine di un'entusiasmante campagna, con le primarie del Partito repubblicano che servivano da antipasto dove è emerso vittorioso da una lunga lista di tredici concorrenti, prima di vincere la nomination al Partito Repubblicano.

I Verdetti e I Buchi è una narrazione di quello che molti considerano il circo politico più vergognoso della storia degli Stati Uniti d'America per oltre mezzo secolo. Se la storia dell'interferenza russa nelle elezioni presidenziali del 2016 e delle accuse che la campagna di Donald Trump ha colluso con la Russia per ottenere una vittoria contro l'altissimo qualificato Hillary Clinton intendeva evitare un riavvicinamento degli Stati Uniti con la Russia, ha servito il suo scopo in il breve termine; Se l'intenzione era quella di rafforzare l'establishment politico, il risultato dell'indagine del Consiglio speciale ha mostrato che ha prodotto più domande che risposte e che ha creato una piattaforma che potrebbe indurre i ricercatori a essere investigati.

Tuttavia, non solo gli elementi della burocrazia sono stati recentemente intrappolati. Gli ultimi tre anni hanno dimostrato che i principali media occidentali sono soggetti all'autocensura, soprattutto quando sempre più persone arrivano a comprendere il loro ruolo importante nello sviluppo narrativo e nella costruzione del consenso, dando vita a una doppia conversazione, e contribuendo alla distruzione della libertà di stampa in un modo che alcuni esperti ora tendono a tracciare parallelismi tra i media mainstream dell'Occidente di oggi e i media dell'era sovietica d'Oriente quando mancava il pensiero imparziale e indipendente , quando la propaganda veniva prodotta quotidianamente come notizia, quando la censura era la norma e quando regnavano le convinzioni basate su un'ideologia dell'utopia. Tuttavia, a differenza dei giorni dell'Est comunista e dell'Unione delle Repubbliche socialiste sovietiche (URSS) o dell'Unione Sovietica, dove i media venivano usati per sostenere l'ideologia, il sistema e il governo non democratico; I media corporativi occidentali dominati dai media di sinistra, producono notizie e informazioni che minano l'amministrazione Trump e rafforzano la burocrazia e l'establishment politico con uno scopo che solo pochissime persone possono capire.

L'obiettivo di I *Verdetti e I Buchi*, che è essenzialmente il libro 2 del libro illuminante e innovativo *NONOSTANTE LORO: La Presidenza a due Mandati di Donald Trump,* mira a dipingere un quadro chiaro e coerente della storia nata dal Accusa che la campagna di Trump abbia collaborato con la Russia per vincere le elezioni presidenziali del 2016. È anche un viaggio verso le perdite delle indagini di Mueller e che sono state esonerate da ciò che il presidente chiama persecuzione. Speriamo che questa storia fornisca lezioni che aiutino i governati e i governanti degli Stati Uniti d'America, così come i media che dovrebbero aiutarli, a svolgere il loro ruolo per il benessere del Paese; Speriamo che questo resoconto contribuirà a creare una migliore comprensione tra tutte le fazioni rivali della società americana, del governo e dell'economia americana.

Scopriamo alla fine di questo resoconto che abbiamo le risorse per trarre le nostre conclusioni per determinare se la dichiarazione degli iniziatori e dei sostenitori dell'indagine di Mueller secondo cui la narrazione della collusione Trump-Russia non era un crimine, ma che "occultamento" è , non è vero; o se l'indagine era una caccia alle streghe che non aveva pienamente raggiunto il suo scopo.

Prolegomeno

La natura atipica della presidenza di Donald Trump ha dominato le conversazioni della Maggior parte delle famiglie e degli amici che si sono riuniti per rompere il pane o brindare a bevande nelle loro case, ristoranti, bar e altri luoghi pubblici durante le principali festività. Tuttavia, se nel 2016 e nella parte migliore del 2017, l'argomento della discussione è stato su come l'uomo d'affari e la star della televisione hanno vinto le elezioni presidenziali del 2016, e quindi sconvolse l'establishment politico, mortificò i media mainstream e stupì se non stupì la Maggior parte degli americani e la Maggioranza delle persone informate del mondo, gli scambi oggi sono diventati più riflessivi, sobri, cupi e senza compromessi, riflettendo la natura polarizzante della politica oggi , specialmente negli Stati Uniti d'America.

L'attuale natura della politica nel paese è un riflesso dell'apparente indurimento delle opinioni, credenze e posizioni dei due partiti politici tradizionali, sviluppi che le popolazioni che li sostengono o i loro punti di vista tendono ad amplificare.

Discussioni, conversazioni, argomenti, consigli e

dibattiti in questi giorni tendono ad essere più incentrati sulla presidenza di Donald J. Trump che sfida la logica--- l'incapacità di fissare il 45 ° presidente sulle numerose affermazioni o accuse mosse contro di lui; la cosiddetta Maggiore polarizzazione della società americana in un momento in cui sta ottenendo un Maggiore sostegno da parte delle minoranze razziali del paese; l'alienazione dei tradizionali alleati americani all'estero in un momento in cui li sta coinvolgendo Maggiormente nel lavoro e nel finanziamento della NATO (Organizzazione del Trattato del Nord Atlantico), che è l'alleanza militare intergovernativa tra 29 paesi del Nord America e dell'Europa; le guerre economiche e commerciali degli Stati Uniti d'America non solo con gli avversari d'America, ma anche con i suoi alleati e partner; l'apparente propensione del presidente a strappare gli Stati Uniti dagli accordi economici e militari che la superpotenza aveva stretto con altri paesi, specialmente quando giudica che questi trattati non servono più agli interessi americani, eccetera eccetera.

Il compito di un esperto che cerca di trovare risposte razionali alle turbolenze nella vita socio-economica e politica del paese derivanti dalle azioni cieche e calcolate sia del campo di Trump sia di coloro che si oppongono alla sua persona e alla sua politica, inizia con una comprensione delle promesse presidente ha fatto, soprattutto dopo aver ottenuto la nomination al Partito Repubblicano, e poi ha continuato a impegnarsi in modo più vigoroso durante la campagna elettorale per "Rendere l'America di Nuovo Grande" --- Make America Great Again (MAGA)...

Mentre Donald Trump si fissa nella seconda metà del suo

primo mandato in carica e inizia a posizionarsi per un altro mandato, gli sviluppi mostreranno che il suo comando del più alto ufficio del territorio potrebbe essere più vantaggioso per il paese del previsto, soprattutto a causa del il fatto che le forze in conflitto nel paese stiano facendo i conti con la realtà della sua presidenza, nonché con il fatto che anche lui si sta adeguando alla realtà del consenso nel processo decisionale, cercando un terreno comune con la magistratura e i rami legislativi di governo. Il risultato di questi inevitabili compromessi sia del campo di Trump che del campo di coloro che si oppongono o sono tiepidi nei confronti della presidenza di Trump, promettono di rendere davvero molto colorati i prossimi diciotto mesi e potenzialmente i prossimi sei anni.

CAPITOLO PRIMO

La Salamandra

"Due cose sono infinite: l'universo e la stupidità umana; e non sono sicuro dell'universo."
Albert Einstein

"La cosa migliore da dare al tuo nemico è il perdono; a un avversario, la tolleranza; a un amico, il tuo cuore; a tuo figlio, un buon esempio; a un padre, deferenza; a tua madre, condotta che la renderà orgogliosa di tu; a te stesso, rispetto; a tutti gli altri, carità."
Benjamin Franklin

"Il nemico non è colui che ti sta affrontando con una spada in mano, è l'avversario. Il nemico è quello dietro di te con un coltello alle spalle."
Thomas Sankara

Le persone, e in particolare la categoria di americani la cui lealtà verso chiunque o verso qualsiasi entità dipende dai benefici personali che derivano dall'avere una relazione con quella persona o corpo, fanno fatica a comprendere la natura della base di supporto di Donald Trump. La disconnessione può essere rintracciata molto prima, anche prima dell'inizio della sua presidenza, quando molti esperti e analisti di diverse sfumature hanno cercato per la prima volta di elaborare la logica del solido sostegno del 35 per cento che il presidente aveva comandato tra gli elettori sin dalla sua elezione in l'Ufficio Ovale, come se tutto dipendesse da formule empiriche. Tuttavia, negli ultimi due anni e mezzo sono emersi diversi difetti nelle analisi postulate da alcuni di questi guru o esperti sulla natura dei principali sostenitori di Donald Trump.

Come si spiega quindi il fatto che il Partito repubblicano che tradizionalmente soddisfaceva l'interesse della classe benestante e che attingeva molto del suo sostegno dai religiosi profondamente del paese, sta avendo un repubblicano miliardario alla Casa Bianca che tuttavia comanda il sostegno di un una vasta gamma di americani che Hillary Clinton ha descritto come un "paniere di materiali di consumo", la Maggior parte dei quali è economicamente svantaggiata, ma costituisce il gruppo che ha la più alta percentuale dei suoi sostenitori principali?

Il fatto che questa categoria di americani sia passata dal 35 percento all'inizio del 2017 al 36 percento nell'Aprile 2019, con l'aumento proveniente da tutti i gruppi razziali nel paese, presenta un angolo intrigante per qualsiasi analista di gung-ho.

Non dobbiamo pensare in profondità o guardare lontano per capire perché molte persone trovano interessante questo aumento tra i principali sostenitori di Donald Trump. L'anticipazione che ha accompagnato l'arresto del 2018-2019 quando la Maggior parte dei suoi avversari e persino alcuni di quelli che non erano davvero contro di lui pensavano che lo stallo tra repubblicani e democratici al Congresso sul finanziamento del muro di frontiera proposto dal presidente avrebbe ridotto le dimensioni del suo nucleo sostenitori, si basava su solide analisi. Tuttavia, le aspettative dell'opposizione sui guadagni politici da quel singhiozzo si sono rivelate solo una vittoria pirrica. Tutti i diversi sondaggi presi da Gennaio 2019 mostrano un consistente calo della percentuale di americani che disapprovano la presidenza di Donald Trump, un calo che è stato costante al punto in cui la base di supporto principale del presidente è salita al 36% degli americani adulti..

Valutazione di approvazione 2019 di Trump Administration

Società/ Percentuali mensili	Gennaio 2019	Febbraio 2019	Marzo 2019	Aprile 2019	Maggio 2019
Ipsos (per Reuters)	39%	41%	42%	39%	39%
YouGov (per The Economist)	37%	40%	43%	42%	42%
Investor's Business Daily	42%	39%	41%	41%	43%
NBC News/Wall Street Journal	43%	46%	53%		46%

Gallup	37%	43%	39%	46%	

Ci sono certe cose, certe persone e certe situazioni in cui la mente ben informata fa fatica a capire. Donald Trump sembra essere uno di loro. È stato lanciato così tanto sporco che i suoi voti di approvazione sarebbero crollati al punto in cui dovremmo aspettarci che subisca una perdita umiliante nelle elezioni presidenziali del 2020 con una percentuale o un conteggio dei voti inferiore rispetto a Jimmy Carter, che è in carica , perse le elezioni presidenziali del 1984 del 41% (35.480.115) contro il 50,7% di Ronald Reagan (43.903.230). È come se il popolo americano, o più specificamente i principali sostenitori di Donald Trump, fossero giunti alla conclusione che la politica americana, come quella di molti altri paesi dominati da potenti gruppi di interesse, è piena di intrighi, cospirazioni, finzioni e segreti piani; è come se stessero vedendo qualcosa di Machiavelli in coloro che si oppongono al 45 ° presidente e così stanno reagendo istintivamente e calcolando diffidando dei media mainstream che si cagano su accuse, molte delle quali sono infondate, che il presidente ha colluso con la Russia, ostacolato la giustizia , eccetera.

I principali sostenitori di Donald Trump diffidano della burocrazia composta da dipartimenti di gabinetto, corporazioni governative, agenzie indipendenti e commissioni normative; si chiedono della burocrazia che vede gli Stati Uniti d'America come l'unica superpotenza militare, economica e diplomatica del mondo e sembra determinata a fare tutto il necessario per continuare a guidare il mondo. I media corporativi e la burocrazia sono diventati meno attraenti per la Maggior parte di questi sostenitori principali di Trump da quando ha iniziato a regolamentare gli affari americani dall'Oval Office.

Sarebbe sbagliato dire che non c'è verità in tutte le accuse mosse contro il 45 ° presidente Americano, o che non merita tutto lo sporco che gli è stato gettato. Il primo gentiluomo degli Stati Uniti d'America ha una personalità abrasiva tra le altre cose, motivo per cui non sorprenderebbe nessuno che abbia infastidito alcune delle persone con cui ha incrociato le strade. E sulla base di una scorecard di scandali e accuse contro di lui, è facile concludere che è attratto da azioni che molti considerano moralmente sbagliate e borderline legali, pur avendo una forte immunità contro di loro allo stesso tempo. Lo dico perché Donald Trump ha difeso in modo ambivalente le accuse accumulate contro di lui dai suoi avversari, chiamando a mettere in discussione il suo impegno a "Drain the Swamp" a Washington DC, eppure sembra incolume da queste accuse o affermazioni.

Altrimenti:

- allora come si può spiegare l'incapacità di fornire informazioni dannose o l'improvvisa silenziosità degli intrecci che coinvolgono la famiglia di Donald Trump, i suoi affari e la sua presidenza, in particolare la tanto parlata Organizzazione di Donald Trump da cui non ha ceduto, un affare redditizio di per sé che ha generato almeno $ 500 milioni di entrate nel 2017 e $ 479 milioni nel 2018?

• Qual è la spiegazione per la fuga dalla causa per diffamazione di 15 donne che hanno affermato di averle aggredite sessualmente?

• come si spiega il crollo delle accuse da parte dell'ex porno star Stormy Daniels (vero nome Stephanie Clifford) che aveva una relazione con l'allora presidente nel 2006 e che l'avvocato di Donald Trump Michael Cohen le ha pagato la somma di $ 130.000 per tacere in merito alle elezioni presidenziali del 2016, un'azione che è considerata una violazione del finanziamento della campagna e che è uno degli otto crimini federali che Michael Cohen ha confessato e che sta scontando una pena detentiva di tre anni?

• cosa diamo come spiegazione della natura pasticciata del suo personale o del suo seguito politico che coinvolge scandali come la spesa di centinaia di migliaia di dollari in aerei privati da parte dell'ex segretario della sanità e dei servizi umani Tom Price; l'indiscrezione del segretario per l'edilizia abitativa e lo sviluppo urbano Ben Carson nel consentire a suo figlio di aiutare a organizzare un tour di ascolto dell'agenzia a Baltimora anche se era stato messo in guardia dagli avvocati governativi sulla base del fatto che avrebbe violato le regole etiche?

- come mai nulla è venuto fuori dalle affermazioni di violenza sessuale fatte da tre donne contro Brett Michael Kavanaugh che il 45 ° presidente degli Stati Uniti d'America ha nominato in sostituzione di Anthony McLeod Kennedy, il 93 ° giudice associato della Corte suprema degli Stati Uniti che servito dal 1988 fino al suo pensionamento nel 2018 eccetera?

Le amputazioni di cui sopra, ovviamente, spiccano come una pallida ombra della lista di accuse contro il 45 ° presidente che hanno dimostrato di non avere alcuna conseguenza. Tuttavia, ciò non significa che il presidente e il suo seguito siano incolumi.

La storia dell'hacking russo e della Russia che influenzano le elezioni presidenziali americane del 2016, e la convinzione che Donald Trump o alcuni membri del suo team abbiano lavorato con i russi e altre entità straniere per aiutarlo a vincere la presidenza, ha sicuramente offuscato le attività quotidiane del presidente americano. È come se nulla potesse placare la situazione del presidente; nemmeno le affermazioni del presidente russo Vladimir Putin secondo cui non vi era alcun coinvolgimento russo nelle elezioni, quando affermò tra l'altro che *"L'isteria è semplicemente causata dal fatto che qualcuno ha bisogno di distogliere l'attenzione del popolo americano dall'essenza di ciò che è stato esposto dagli hacker."*

Molti americani, per lo più sostenitori di Donald Trump, pensano che il presidente russo abbia ragione. Anche loro vedono una cospirazione da parte dei media mainstream e del Partito Democratico per distogliere l'attenzione da se stessi e sconvolgere la presidenza di Donald Trump e la sua intenzione originale di coltivare buoni rapporti tra Russia e Stati Uniti d'America.

CAPITOLO DUE

Verdetti, Dicono

"I migliori regali da offrire: al tuo amico, lealtà; Per il tuo nemico, perdono; Al tuo capo, servizio; Per un bambino, un buon esempio; Ai tuoi genitori, gratitudine e devozione; Alla tua compagna, amore e fedeltà; A tutti gli uomini, la carità."

Oren Arnold

Dobbiamo solo tornare alle notizie principali negli ultimi due e mezza dozzina di mesi per avere una buona immagine del danno che il team di Donald Trump ha subito a causa delle accuse e delle accuse - sia responsabili che innocenti - accumulate dal giustizia della terra e oppositori del 45 ° presidente degli Stati Uniti d'America su di lui e sulla sua squadra, la Maggior parte dei quali sono incentrati sulla storia dell'interferenza russa nelle elezioni presidenziali americane del 2016 e le speculazioni che i soci di Donald Trump avevano legami con Cittadini russi che sono intervenuti illegalmente alle elezioni. Tuttavia, è stata la supposizione che Donald Trump e i membri del suo team abbiano colluso con la Russia nella sua presunta interferenza nelle elezioni che hanno scatenato ciò che il campo di Donald Trump chiama una "caccia alle streghe", o ciò che gli altri chiamano "isteria della Russia."

Per comprendere la storia della collusione russa che è stata scatenata dal dossier Trump-Russia, altrimenti noto come il dossier Steele che afferma che la Russia ha messo insieme un file di informazioni compromettenti sul presidente degli Stati Uniti Donald Trump, dobbiamo arrivare alla radice di tutto. La genesi coinvolge un funzionario del Dipartimento di Giustizia degli Stati Uniti, Bruce G. Ohr e il cittadino britannico Christopher David Steele, che ha lavorato come funzionario dell'intelligence britannica con il servizio segreto segreto MI6 dal 1987 fino al suo pensionamento nel 2009. Il 21 Novembre 2014, i due uomini discutevano di corteggiare Oleg Deripaska, l'oligarca russo noto per i suoi stretti legami con il presidente russo Vladimir Putin, per diventare una risorsa dell'intelligence statunitense. Il piano è stato accelerato a Settembre 2015, tre mesi dopo che Donald Trump ha annunciato ufficialmente la sua candidatura alla Donald Trump Tower di New York City, quando l'FBI e Ohr hanno formalmente sollecitato i servizi di Steele per organizzare un incontro con il miliardario russo, con l'intenzione di reclutarlo come informatore sul Cremlino e sulla criminalità organizzata in Russia, in cambio di un visto americano. Deripaska non avrebbe collaborato e avrebbe invece notificato alle autorità russe lo sforzo americano di reclutarlo. Per questo, Bruce Ohr e un certo numero di funzionari del governo degli Stati Uniti hanno deciso di revocare il visto americano di Deripaska nel 2016.

Ma poi, Fusion GPS, una società di ricerca commerciale e intelligence strategica con sede a Washington, D.C. assumerebbe David Steele nel Giugno 2016 per ricercare le attività di Donald Trump in Russia. Il nuovo incarico di Steele ha causato il raffreddamento delle relazioni con l'FBI. Tuttavia, avrebbe prodotto un documento di 35 pagine pubblicato da BuzzFeed News il 10 Gennaio 2017. Questo materiale controverso sarebbe diventato noto come dossier Trump-Russia o dossier Steele. Si tratta fondamentalmente di una vasta cospirazione russa per eleggere Trump; e ha citato Carter Page, Michael Cohen e altri membri del seguito di Donald Trump come persone che hanno condotto attività illegali con i russi per realizzare questo obiettivo.

Tuttavia, coloro che non acquistano la storia della Russia Collusion vedono il dossier Steele come un falso. Potrebbero aver ragione dopo tutto. Il 21 Dicembre 2015, John Podesta, presidente della campagna di Hillary Clinton, ha ricevuto un'e-mail in cui raccomandava tra l'altro che "il miglior approccio della loro campagna *è quello di massacrare Donald per la sua amicizia con Putin."* E-mail rubate da Podesta e dalla campagna di Clinton nella prima metà del 2016, presumibilmente da agenti della Russia, sarebbe stato rilasciato da WikiLeaks a partire dal 7 Ottobre 2016. Al campo di Clinton non piaceva, e il tormentato Hillary Clinton avrebbe dato la colpa alla Russia durante il terzo dibattito Clinton-Trump del 19 Ottobre 2016, per le perdite di posta elettronica DNC e avrebbe persino accusato Donald Trump di essere un "burattino" di Putin, qualcosa che Donald Trump ha negato allora e continua a negare oggi.

È un dato di fatto, non è stato fino a quando l'American Intelligence non ha appreso che George Papadopoulos, un membro della campagna di Donald Trump, aveva una prima conoscenza dei russi che avevano materiale dannoso sul rivale del Partito Democratico di Donald Trump Hillary Clinton che hanno deciso di avviare un'indagine. Il Federal Bureau of Investigation (FBI) ha reagito aprendo ufficialmente un'inchiesta segreta sul controspionaggio con il nome in codice "Crossfire Hurricane" il 31 Luglio 2016. La sua missione era quella di scoprire i legami tra i soci di Donald Trump e i funzionari russi e di conoscere il sospetto coordinamento tra la campagna presidenziale 2016 di Donald Trump e il governo russo, in particolare per quanto riguarda l'interferenza nelle elezioni del 2016 negli Stati Uniti d'America.

Se Papadopoulos ha messo in moto le campane di allarme dell'FBI relative alle e-mail di Clinton, le cattive notizie di Carter Page hanno messo l'FBI sulla sua scia.

L'intelligence americana ha osservato nel Gennaio 2015 che un tentativo di invio da parte di un anello di spionaggio russo di reclutare Carter Page che all'epoca gestiva un fondo di investimento individuale e una società di consulenza specializzata nel settore petrolifero e del gas in Russia e nel centro del mondo, fece un inutile tentativo Asia. Carter Page avrebbe aderito alla campagna elettorale presidenziale 2016 di Donald Trump a Marzo 2016 e sarebbe diventato consigliere per la politica estera di Trump. A seguito dell'hacking di DNC e del rilascio di e-mail DNC da parte di WikiLeaks, il Dipartimento di Giustizia e l'FBI avrebbero richiesto un mandato FISA per monitorare le comunicazioni di quattro funzionari della campagna di Donald Trump. Invece, il 21 Ottobre 2016, hanno ottenuto un mandato per condurre la sorveglianza e intercettare solo Carter Page, con l'approvazione che cita la probabile causa per ritenere che Page sia un agente russo. Fu un mese dopo che Carter Page uscì dalla campagna di Donald Trump.

Nel frattempo, il 19 Settembre 2016, gli investigatori di Crossfire Hurricane sono saliti sulle tracce del rapporto di Steele. Non molto tempo dopo, all'inizio di Ottobre 2016, una squadra di agenti dell'FBI è volata in Europa e ha parlato con Steele del suo dossier. Lì, hanno appreso da Steele che un dossier di accuse compilato da Cody Shearer, un agente di lunga data di DNC e Clinton, si adattava *"a ciò che aveva sentito separatamente dalle sue fonti indipendenti."* Inoltre, implicava anche un'accusa non verificata che il segreto russo il servizio ha compromesso sessualmente Donald Trump al Ritz-Carlton Hotel di

Mosca durante la visita del miliardario americano in Russia nel 2013.

Da fine Luglio a Novembre 2016, attraverso lo sforzo congiunto dell'FBI, della Central Intelligence Agency (CIA) e della National Security Agency (NSA), sono state esaminate le prove di intromissione russa nelle elezioni presidenziali degli Stati Uniti del 2016. Durante l'indagine è emerso chiaramente che il team dell'FBI godeva di un ampio grado di autonomia all'interno della più ampia sonda interaziendale.

L'indagine del Consiglio Speciale 2017-2019 ha assunto il lavoro dell'FBI il 17 Maggio 2017, producendo infine il Rapporto Mueller, che concludeva che le interferenze russe avvenivano in modo "radicale e sistematico", che esistevano collegamenti sostanziali con la campagna di Donald Trump, ma che gli investigatori non hanno ottenuto prove per stabilire che la campagna di Donald Trump "ha cospirato o coordinato" con il governo della Russia.

Nel suo libro "The Restless Wave", il defunto senatore repubblicano John McCain ha fornito dettagli intimi su come ha ottenuto il famigerato dossier Steele. Ha affermato che tutto è iniziato durante una conferenza annuale sulla sicurezza ad Halifax, in Nuova Scozia, in Canada, poco dopo le elezioni presidenziali dell'8 Novembre 2016, quando Sir Andrew Wood, un diplomatico britannico in pensione, glielo ha detto alla presenza di Chris Brose, uno staff membro del comitato dei servizi armati del Senato e David Kramer, ex assistente segretario di stato con esperienza russa. Scrisse così di Sir Andrew Wood:

"Mi ha detto di conoscere un ex ufficiale dell'MI6 di nome Christopher Steele, a cui era stato commissionato di indagare sui collegamenti tra la campagna di Donald Trump e gli agenti russi, nonché informazioni potenzialmente compromettenti sul presidente eletto che [il presidente russo Vladimir] Putin presumibilmente posseduto ...."

Il senatore McCain ha sottolineato che mentre Sir Andrew Wood riteneva che l'informazione non fosse verificata, l'inglese ha sottolineato che si trattava di un'informazione che Steele *"credeva fermamente che meritasse un esame approfondito da parte di esperti di controspionaggio."*

Su istruzioni del senatore McCain, Kramer volò a Londra, incontrò Steele e poi tornò con una copia del rapporto. A suo avviso, Steele sembrava essere una fonte affidabile. McCain scrisse che *"Le accuse erano inquietanti, ma non avevo idea di quale se fosse vero ..."* Tuttavia, il 9 Dicembre 2016, il senatore repubblicano il cui status di eroe di guerra del Vietnam è stato messo in discussione da Donald Trump nel Luglio 2015, avrebbe passato il rapporto al direttore dell'FBI, Jim Comey, convinse che stava facendo quello che il dovere gli richiedeva.

Il fatto che Bruce Ohr avrebbe perso la sua posizione di vice procuratore generale alla fine del 2017, mantenendo per un certo periodo la sua carica di direttore di OCDETF; e il fatto che sia stato successivamente declassato dal Dipartimento di Giustizia dopo che il Comitato di Intelligence del Senato ha scoperto dei suoi incontri con

Christopher Steele e Glenn Simpson, il fondatore di Fusion GPS, spiega perché molte persone, in particolare i sostenitori di Donald Trump, pensano che sia La parzialità di Steele nei confronti di Donald Trump che ha portato alle indagini del Consiglio speciale e al ronzio dei media che ha distratto l'amministrazione di Donald Trump dallo svolgimento delle sue funzioni in modo più efficace.

In breve, il Federal Bureau of Investigation (FBI) ha avviato di nascosto le indagini sulle attività degli agenti russi e dei membri della campagna presidenziale di Donald Trump nel Luglio 2016. Tuttavia, non è stato fino a dopo l'inaugurazione di Donald Trump nel Gennaio 2017 che queste indagini si è espanso, tra le altre cose, una sonda nell'interazione tra la Russia e il team di transizione di Donald Trump e il rilascio di e-mail durante la campagna presidenziale di WikiLeaks, in quella che è diventata un'indagine in piena regola di alcuni membri del team del Presidente. Altrimenti chiamato Indagine Speciale sui Consigli o Mueller Investigation, la sonda ha funzionato da Maggio 2017 a Marzo 2019, un periodo e le sue conseguenze che alcuni sostenitori di Donald Trump considerano un periodo perduto della sua presidenza. L'avvocato americano e amministratore universitario Jerry Falwell Jr., che è presidente della Liberty University a Lynchburg, in Virginia, ha espresso la sua indignazione per ciò che ha considerato l'influenza distruttiva della Mueller Investigation con le seguenti parole:

"Ora sostengo riparazioni: Trump dovrebbe aggiungere 2 anni al suo primo mandato come

rimborso per il tempo rubato da questo colpo fallito corrotto ..."

Jerry Falwell Jr., Donald Trump, membri passati e attuali della squadra del presidente, sostenitori di Donald Trump e la vasta gamma di americani e stranieri che si interessano alla politica americana hanno tutte le ragioni per alzare le sopracciglia perché non solo l'assoluta indagine di Mueller Donald Trump e il suo seguito della tanto discussa accusa di Collusione con la Russia, non è riuscito a liberare l'aria dall'interferenza russa nel senso classico della parola quando si tratta di influenzare il risultato di un'elezione, come molti sanno esso o come è ritenuto inaccettabile nelle relazioni internazionali. Quindi il fatto che il Partito Democratico e i media di sinistra continuino a prendere in modo incessante le indagini del Consiglio Speciale; il fatto che le forze anti-Trump nel paese e all'estero continuino a soffermarsi sulle speculazioni secondo cui il presidente ha ostacolato la giustizia o ha cercato di influenzare le indagini e quindi dovrebbe essere messo sotto accusa, rafforza la risoluzione dei principali sostenitori di Trump e di coloro che sono comprensivi nei confronti del colorato ex magnate dei media o è propenso a essere tenero nei confronti del presidente assediato. E queste sono persone che in primo luogo hanno visto l'intera indagine come una cospirazione.

Il 17 Maggio 2009, si sviluppò una svolta nella storia della collusione con la Russia, che durante e subito dopo l'indagine Mueller si trasformò in "Ostruzione della giustizia", quando il rapporto mostrò che non vi era alcuna collusione tra la campagna di Donald Trump e i russi assicurarsi una vittoria per Donald Trump nelle elezioni presidenziali del 2016. I sostenitori del presidente travagliato considerano "Ostruzione alla giustizia" come nient'altro che un altro sbocco o argomentazione infondata sollevata dai suoi avversari come forse la loro ultima risorsa per impedire al malvagio di svolgere l'intero mandato in carica o di vincere un secondo mandato nel prossimo 2020 Elezioni presidenziali.

Una persona interessata agli intrighi politici o alle cospirazioni che si svolgono a Washington DC non deve concentrarsi solo sui membri del Partito Democratico per trovare politici che, tra le altre cose, pensano che i difetti di carattere del presidente lo rendano intollerabilmente non presidenziale. Il partito repubblicano che pensava che gli esperti si fossero radunati dietro il presidente, specialmente dopo la morte dell'ex senatore repubblicano John McCain, subì una falla nella sua armatura quando Justin Amash, un deputato repubblicano del Michigan, si gettò alla ribalta rompendo con il suo repubblicano colleghi attraverso affermazioni rese pubbliche che il Rapporto Mueller aveva.".. *molteplici esempi di condotta che soddisfacevano tutti gli elementi di ostruzione della giustizia, e senza dubbio qualsiasi persona che non fosse il presidente degli Stati Uniti sarebbe stata incriminata sulla base di tali prove."* Ciò è accaduto nonostante il fatto che il procuratore generale americano William Barr lo avesse dichiarato al Congresso poche settimane prima sulla base del rapporto di Mueller e del riassunto che ne aveva tratto nel Marzo 2019, Donald Trump non ha ostacolato la giustizia durante le indagini.

Mentre la conclusione del procuratore generale ha sicuramente fatto molta strada per esonerare Donald Trump e dare energia ai suoi sostenitori, ha scoraggiato una grande fazione di oppositori di Donald Trump che hanno immediatamente concluso che William Barr si stava schierando con il presidente e come tale non dovrebbe essere attendibile. È diventato evidente in seguito che l'apparizione del 1 Maggio 2019 di William Barr al comitato giudiziario del Senato e la testimonianza che ha reso sul rapporto di Robert S. Mueller III, non sono ancora riuscite a convincere la Maggior parte degli avversari di Donald Trump a cambiare posizione. Quindi, solo un santo scemo, che non ha idea degli intrighi della politica, sarebbe stato sorpreso quando coloro che cercavano il cuoio capelluto di Donald Trump hanno invitato Robert Mueller a fare una dichiarazione pubblica o testimoniare di persona sulla questione.

Ecco perché quando Amash è andato oltre aggiungendo che: *"Contrariamente alla rappresentazione di Barr ... il rapporto di Mueller rivela che il presidente Donald Trump ha intrapreso azioni specifiche e un modello di comportamento che soddisfa la soglia per l'impeachment ...",* ha praticamente gettato il guanto sul Partito repubblicano di cui è membro e ha reso inevitabile per Robert Mueller dire qualcosa.

La richiesta di Amash di impeachment di Donald Trump per accuse, che finora non sono provate, che ha ostacolato la giustizia ha suscitato rivendicazioni da parte di persone, la Maggior parte delle quali sono dalla parte del presidente, che è un libertario in posa come repubblicano. È un dato di fatto, Amash è a capo della House Liberty Caucus, che è generalmente considerata come un "gruppo conservatore con enfasi libertaria" e che è associato al movimento del Tea Party. I membri della Camera Liberty Caucus sono repubblicani della Camera dei rappresentanti degli Stati Uniti che ideologicamente sono conservatori, libertari o conservatori libertari. La filosofia della mente libertaria del gruppo è radicata nella convinzione che l'unico modo in cui il GOP possa vincere più elezioni in futuro è che il Partito repubblicano accetti la sua filosofia di mentalità libertaria perché gli elettori la stanno abbracciando, specialmente dopo le recenti rivelazioni del governo raccolte che molti elettori ritengono che violi i loro diritti alla privacy.

Quando Justin Amash ha rassegnato le dimissioni al leader repubblicano Kevin McCarthy e al leader della Conferenza repubblicana Liz Cheney l'8 Luglio 2019, a malapena pochi giorni dopo aver reso pubblica la sua intenzione di lasciare il Partito Repubblicano, è rimasta comunque una sorpresa per molte persone.

Non intimidito dalle obiezioni dell'opposizione e di Amash, il procuratore speciale o il capo dell'indagine speciale hanno parlato pubblicamente dell'indagine il 29 Maggio 2019, rilevando in particolare che:

- gli Stati Uniti d'America sono stati "attaccati di concerto" da una potenza straniera durante le elezioni del 2016
- non vi è stata alcuna cospirazione criminale o "collusione" tra i "russi" che hanno effettuato gli

attacchi informatici e i membri della squadra della campagna di Donald Trump

- e che *"Non vi erano prove sufficienti per accusare una cospirazione più ampia"* e che *"accusare il presidente di un crimine non era quindi un'opzione ..."* che potevano prendere in considerazione.

La notevole risposta di Donald Trump alla dichiarazione di Mueller è stata un tweet che recitava così:

"Nulla cambia dal Rapporto Mueller. Non c'erano prove sufficienti e quindi, nel nostro paese, una persona è innocente. Il caso è chiuso! Grazie."

Per quanto ci provassero, il team di Donald Trump non riuscì a trovare persone convinte che Robert Mueller parlasse a loro favore nella sua dichiarazione pubblica che diceva anche agli americani che si sarebbe ritirato come avvocato speciale e che l'ufficio sarebbe stato chiuso. Tuttavia, i democratici e gli altri oppositori di Donald Trump hanno trovato abbastanza munizioni nelle parole di Mueller da usare contro il presidente, in particolare la sentenza del consigliere speciale secondo cui *"non c'erano prove sufficienti per accusare una cospirazione più ampia ..."*, e ha sottolineato che il rapporto non ha mai dichiarato il presidente innocente. Anche se Mueller ha anche affermato che.".. *spero e mi aspetto che questa sia l'unica volta in cui parlerò della questione"*, i democratici al Congresso hanno chiesto la sua presenza davanti ai loro comitati per rispondere alle domande, sperando che lui fornirebbe più munizioni che potrebbero sostenere la loro causa per l'impeachment del presidente.

Questo è il motivo per cui ha testimoniato pubblicamente il 24 Luglio 2019, alla Camera dei Rappresentanti, sulla sua indagine sulle interferenze russe nelle elezioni del 2016. Era una doppia intestazione: una testimonianza delle 8:30 del mattino al comitato giudiziario della Camera e un'altra a mezzogiorno al comitato dei servizi segreti della Camera. La testimonianza di Mueller non ha portato nulla di nuovo al tavolo ed effettivamente ha esonerato Donald Trump molto più della testimonianza di William Barr e del riassunto del rapporto Mueller.

Indipendentemente da come Donald Trump e i suoi sostenitori provino a interpretarlo, il singhiozzo di Amash nel Partito Repubblicano è un'estensione delle battute d'arresto che il team di Donald Trump ha subito negli ultimi due anni, disgrazie di per sé che possono essere attribuite alla Indagine Speciale sui Consigli . La richiesta di un impeachment da parte di Amash, indipendentemente da quanto ingenuo qualcuno direbbe, è ancorata al fatto che alcune persone che facevano parte del team della campagna di Donald Trump o dell'amministrazione Donald Trump, o entrambi, sono state ritenute colpevoli di crimini non era quello che la Indagine Speciale sui Consigli era stata creata per indagare, lasciando molti a chiedersi se l'intera indagine non fosse una caccia alle streghe dopo tutto. Per giudicare da soli, dobbiamo solo dare un'occhiata ad alcune delle vittime o dei colpevoli dell'indagine Mueller che non solo sono stati multati ma hanno scontato o scontano pene detentive.

I: Paul John Manafort Jr.

Molti esperti considerano il famoso avvocato, lobbista e consulente politico americano Paul John Manafort Jr. come il più grande dei pesci che le indagini del Consiglio speciale hanno intercettato. Sebbene arrestato per la prima volta dall'FBI il 30 Ottobre 2017, dopo un'accusa di una grande giuria federale come parte dell'indagine di Robert Mueller sulla campagna di Donald Trump, Paul Manafort finì per affrontare accuse non correlate alla storia di Collusion con la Russia, in modo che il Il tribunale del distretto orientale della Virginia si è concluso con la condanna per lui il 21 Agosto 2018, per cinque accuse di frode fiscale, due accuse di frode bancaria e in caso di mancata divulgazione dei suoi conti bancari esteri. Il tribunale lo ha condannato a 47 mesi di prigione. A ciò è seguita un'altra condanna, il 13 Marzo 2019, dal tribunale distrettuale per il distretto di Columbia, che gli ha dato 43 mesi di carcere, 30 dei quali avrebbe dovuto scontare contemporaneamente con il tempo in prigione ricevuto dal distretto orientale della Virginia. In questo secondo caso, una cospirazione per frodare gli Stati Uniti d'America rappresentava 30 dei 43 mesi e la manomissione dei testimoni rappresentava i restanti 13 mesi. Manafort in realtà pensava di poter evitare una seconda condanna facendo un patteggiamento con i pubblici ministeri e dichiarandosi colpevole delle due accuse il 14 Settembre 2018. Tuttavia, un tribunale presentato dall'ufficio di

Mueller il 26 Novembre 2018, ritenendo Manafort responsabile della violazione del La richiesta del patteggiamento è stata sostenuta dal giudice della corte distrettuale di Washington DC Amy Berman Jackson, che ha stabilito il 13 Febbraio 2019, di aver violato il patteggiamento mentendo ripetutamente ai pubblici ministeri. Allo stato attuale, Manafort dovrebbe essere rilasciato dalla Federal Correctional Institution di Loretto, in Pennsylvania, il 25 Dicembre 2024.

Come nel tentativo di prevenire un perdono presidenziale, i pubblici ministeri nello stato di New York hanno accusato Manafort di frode ipotecaria residenziale, cospirazione e falsificazione di documenti aziendali. L'azione, che è avvenuta a malapena pochi minuti dopo la seconda udienza del 13 Marzo 2019, lo ha messo a rischio di ulteriore tempo in prigione se ritenuto colpevole. La legge della terra - New York - afferma che un perdono presidenziale non può scavalcare o influenzare una sentenza se viene condannato. Paul Manafort e la sua squadra di difesa vedono un doppio pericolo nel caso dello stato di New York, e così hanno agito di conseguenza durante la sua convocazione alla Corte Suprema dello stato di New York il 27 Giugno 2019 - il suo terzo caso criminale negli ultimi anni - dichiarandosi non colpevole di dichiarare accuse di frode portate contro di lui dall'ufficio del procuratore distrettuale di Manhattan.

Contrariamente alle aspettative, il caso di Manafort avrebbe potuto essere una caccia alle streghe dopo tutto. Anche così, potrebbe essere solo uno che inizialmente non è stato preso di mira da Donald Trump. In un certo senso, il futuro presidente all'epoca si era appena ritrovato nel processo di Manafort quel Marzo 2016, il giorno in cui il consulente politico-estetico si unì alla squadra della campagna presidenziale di Donald Trump. I simpatizzanti di Manafort affermano che tra i suoi molti "crimini", il più grave è stato il lavoro di consulenza che ha svolto in Ucraina per il governo del quarto presidente ucraino Viktor Yanukovich, il nativo di Russia della principale città industriale e regione di Donetsk, prima del pro -Il russo Yanukovich è stato rovesciato il 22 Febbraio 2014 da una rivolta sostenuta dall'Unione-Europea/Americana denominata EuroMaidan, per il fatto che ha sospeso la firma di un accordo di associazione tra Ucraina e Unione europea e che ha scelto legami più stretti con la Russia e il Invece, l'Unione economica eurasiatica guidata dalla Russia. Solo dopo quel forte cambio di potere in Ucraina, secondo quanto riferito, l'FBI ha avviato un'indagine su Paul Manafort nel 2014, lo stesso anno in cui si dice che la Russia abbia iniziato la sua campagna anti-USA, che era ben prima che Donald Trump iniziasse la sua campagna per diventare il 45 ° presidente degli Stati Uniti d'America. In effetti, quando Donald Trump lo ha twittato, *"La Russia ha iniziato la sua campagna anti-USA nel 2014, molto prima che annunciassi che sarei candidata alla presidenza ... I risultati delle elezioni non sono stati influenzati. La campagna di Donald Trump non ha fatto nulla di male, nessuna collusione!"* Vediamo che il suo ragionamento era sostenuto dalla logica.

Tuttavia, è stato solo alla vigilia dell'inaugurazione di Donald Trump che il pubblico ha appreso per la prima volta le attività di più agenzie federali che indagavano su Paul Manafort, tra le quali spiccavano la Central Intelligence Agency (CIA), il Federal Bureau of Investigation (FBI), il Direttore della National Intelligence (DNI), della National Security Agency (NSA) e dell'unità per i crimini finanziari del Dipartimento del Tesoro. È un dato di fatto, l'establishment politico americano considerava Yanukovich come un candidato filo-russo nel 2004 quando si era scontrato con il candidato filoamericano Viktor Yushchenko nel voto di deflusso delle elezioni presidenziali ucraine del 21 Novembre 2004, che secondo l'opinione di numerosi osservatori elettorali nazionali ed esteri, è stato truccato dalle autorità a favore di Yanukovich, una frode elettorale di per sé che ha scatenato proteste che hanno costretto la Corte suprema del paese ad annullare i risultati del deflusso e ordinare una rivendicazione per 26 Dicembre 2004. Viktor Yushchenko è emerso vittorioso da quella ripetizione ottenendo il 52% dei voti. Quindi, il fatto che Manafort abbia contribuito a riportare Yanukovich al potere il 22 Marzo 2006 mentre prestava servizio come consulente politico la cui squadra ha gestito e diretto efficacemente la campagna del partito politico di Yanukovich, il Partito delle Regioni, al punto in cui il partito filo-russo ha vinto le elezioni parlamentari ucraine del 2006 con il 32% dei voti, da cui Yanukovich è diventato Primo Ministro dell'Ucraina dal 4 Agosto 2006 al 18 Dicembre 2007, hanno arruffato le piume a Washington DC e nelle capitali di diversi paesi europei. Queste erano persone che vedevano la sconvolgente vittoria di Yanukovich come una battuta d'arresto imprevista nei loro piani per l'Ucraina, una battuta d'arresto causata da un privato cittadino americano per quella faccenda.

Molti dei decisori della burocrazia di Washington e dell'establishment politico americano, in generale, non trovarono affatto divertente che Paul Manafort continuasse a lavorare con Yanukovich e il suo Partito delle Regioni, e che avesse un ruolo di primo piano nel rendere Il nativo di Donetsk vince il voto di deflusso delle elezioni presidenziali ucraine del 2010 contro Yulia Tymoshenko, sostenuta da USA / UE. Per aggiungere un ulteriore insulto al pregiudizio, Yulia Tymoshenko è stata condannata a sette anni di prigione l'11 Ottobre 2011, per presunto abuso del suo ufficio di Primo Ministro dell'Ucraina durante l'intermediazione dell'accordo sul gas che l'Ucraina ha firmato con la Russia nel 2009. I suoi sostenitori in Occidente hanno chiamato la sua incarcerazione è una caccia alle streghe. È stata liberata solo dopo il rovesciamento della sua nemesi Viktor Yanukovich.

La battuta d'arresto del 2010 nel piano di gioco delle potenze occidentali sull'Ucraina rese automaticamente il consulente politico americano un nemico delle forze negli Stati Uniti d'America e nell'Unione europea che avevano lavorato per decenni per allontanare l'Ucraina dalla Russia e nell'orbita dell'Unione europea e della NATO. Per Victoria Nuland, che ha prestato servizio nel Dipartimento di Stato americano dal 18 Settembre 2013 al 25 Gennaio 2017, in qualità di Assistente Segretario di Stato per gli affari europei ed eurasiatici, EuroMaidan è stato pianificato e sponsorizzato al costo di $ 5 miliardi. L'Ucraina è stata sovvertita; Yanukovich fu estromesso dal potere, ma a un costo enorme. La Russia ha annesso l'ambita penisola di Crimea che l'Ucraina ha ricevuto dalla Russia nel 1956 quando entrambi i paesi erano repubbliche costituenti dell'URSS (Unione delle Repubbliche socialiste sovietiche); la roccaforte del Donbass di Yanukovich (che costituisce le province di Donetsk e Lugansk) si ribellò contro le nuove autorità a Kiev, scatenando una guerra civile che ha visto l'Ucraina perdere altri dieci presenti nella sua popolazione e un quarto del suo cuore industriale, in modo che al mondo sia rimasto il dilemma di come affrontare due repubbliche non riconosciute chiamate Repubblica Popolare di Donetsk (DNR) e la Repubblica popolare di Lugansk (LNR), entrambi fortemente verosimili.

Oggi l'Ucraina è in un limbo geopolitico poiché sembra che l'entusiasmo dell'Unione Europea e gli Stati Uniti per il Paese si siano attenuati. La nuova leadership politica sotto l'oligarca anti-russo Petro Poroshenko che l'EuroMaidan ha portato al potere è stata screditata dal peggioramento della corruzione durante i cinque anni in cui hanno detenuto il potere, poiché la situazione economica del paese non è migliorata, poiché le autorità non sono riuscite a reggere l'estrema destra, e poiché l'Ucraina ha perso più di un quarto della sua popolazione a causa dell'emigrazione, della perdita della Crimea e della guerra nel Donbass. Gli elettori ucraini hanno espresso la loro delusione per il primo posto di comando dell'EuroMaidan votando Poroshenko fuori sede nel voto di deflusso delle elezioni presidenziali ucraine del 21 Aprile 2019, dove ha ottenuto il 24,45% dei voti contro il 73,22% vinto dal suo avversario Volodymyr

Zelensky, un comico, attore e sceneggiatore che prima delle elezioni non aveva ricoperto cariche politiche, non aveva mai contestato un'elezione e sostanzialmente non aveva esperienza politica.

II: Michael Cohen

Sebbene non sia così grande come Paul Manafort, Michael Dean Cohen, l'uomo che ha interpretato il ruolo dell'avvocato personale di Donald Trump dal 2007-2018, è forse il più colorato e sensazionale degli stretti collaboratori di Donald Trump che sono stati accusati e condannati a seguito di un inquisizione da parte dell'indagine del Consiglio speciale sulle sue attività prima e dopo le elezioni presidenziali del 2016. È stato condannato a tre anni di prigione il 12 Dicembre 2018, per evasione delle imposte sul reddito federali, per il suo coinvolgimento nel pagamento del silenzio a due donne per conto di Donald Trump prima delle elezioni presidenziali del 2016 e per aver reso dichiarazioni false a banche e il Congresso degli Stati Uniti. È un dato di fatto, si è persino dichiarato colpevole delle nove accuse di reato che lo hanno condannato e ha accettato di collaborare con gli investigatori cercando non solo l'interferenza russa nelle elezioni, ma anche le pratiche commerciali dell'organizzazione Donald Trump.

Quando Michael Cohen ha dichiarato alla corte alla sua condanna che *"era mio dovere nascondere le sue azioni sporche",* ha ampliato la fase del conflitto con il suo ex capo perché Donald Trump ha contrastato il fatto che Michael Cohen, che i media hanno definito sensazionale come Donald Trump "Fixer" prima della sua indagine che lo ha portato a dichiararsi colpevole il 21 Agosto 2018, mentiva. Tuttavia, quando il giudice distrettuale americano William H. Pauley III condannò Cohen a tre anni di carcere, gli multò con una multa di $ 50.000, gli ordinò di pagare $ 1,4 milioni in restituzione e gli fece perdere $ 500.000, certamente diede un duro colpo al primo avvocato personale del presidente.

Come è arrivato a quel punto in cui l'avvocato personale di Donald Trump di oltre un decennio avrebbe lavorato contro di lui, al punto da persino definire Donald Trump un "razzista", un "truffatore" e un "imbroglione" durante una televisione pubblica testimonianza davanti al comitato di sorveglianza della Camera che è durato 10 ore?

Le cose iniziarono a crollare il 9 Aprile 2018, quando agì in base a un mandato federale basato su un rinvio dall'indagine del Consiglio speciale, l'FBI fece irruzione nell'ufficio legale di Michael Cohen, nella sua casa e nella sua camera d'albergo, portando via documenti e documenti impliciti, con pagamenti effettuati a Stormy Daniels da Michael Cohen presenti nella documentazione. E questo è stato solo un mese dopo che Stormy Daniels (nata Stephanie Gregory) è effettivamente arrivata a comandare la ribalta politica e dei media a causa della sua intervista del 25 Marzo 2018 con 60 minuti in cui ha parlato di una relazione sessuale con Donald Trump nel 2006 e, di conseguenza, è stata successivamente minacciata di fronte alla figlia neonata per tacere sul collegamento, costringendola a prendere $ 130.000 in silenzio e a firmare un accordo di non divulgazione nell'Ottobre 2016, poco prima delle elezioni presidenziali.

È un dato di fatto, la rivista di gossip Life & Style e il blog The Dirty avevano effettivamente pubblicato la storia della presunta vicenda nel 2011, e Michael Cohen aveva impedito a un'altra rivista di gossip chiamata In Touch Weekly di pubblicare la storia minacciando di denunciare esso. Quindi, quando il Wall Street Journal ha riportato la storia il 12 Gennaio 2018 e ha menzionato che Michael Cohen ha pagato Stormy Daniels $ 130.000, un mese prima delle elezioni presidenziali, il quotidiano internazionale ha costretto l'avvocato Donald Trump a rispondere. Il 13 Febbraio 2018, Michael Cohen ha dato un po 'di credito alla storia e probabilmente ha innescato la caccia che lo ha incarcerato quando ha rilasciato una dichiarazione attentamente formulata al New York Times, parte della quale leggi così:

"In una transazione privata nel 2016, ho usato i miei fondi personali per facilitare un pagamento di $ 130.000 alla signora Stephanie Clifford ... Né la Donald Trump Organization né la campagna Donald Trump erano parte della transazione con la signora Clifford, né mi rimborsavano per il pagamento, direttamente o indirettamente."

Il fatto che il 30 Aprile 2018, un giorno dopo il raid sulle dimore di Cohen, Stormy Daniels abbia intentato una causa contro Donald Trump con l'accusa di diffamazione perché il presidente ha definito le sue dichiarazioni e una precedente causa una "frode", dice molto sul modo in cui i belligeranti cronometrarono le loro azioni. In realtà aveva presentato la sua causa il 6 Marzo 2018 contro Donald Trump sulla base del fatto che l'accordo di non divulgazione che aveva firmato non era valido perché Donald Trump non lo aveva mai firmato personalmente. Tuttavia, non è stato fino a quando Michael Cohen si è dichiarato colpevole il 21 Agosto 2018, di aver violato le leggi finanziarie durante le elezioni presidenziali del 2016 gestendo fondi per i presunti amanti del signor Trump che il pubblico è diventato consapevole di una frattura tra lui e Donald Trump . Fu allora che il suo avvocato personale, Lanny Davis, disse che Michael Cohen era pronto a *"raccontare tutto di Donald Trump che conosce."* Questa apparente conversione dall'avvocato personale o "riparatore" di Trump alla potenziale "nemesi" di Trump sembrava aver preso una spinta quando Cohen si registrò nuovamente come democratico l'11 Ottobre 2018, diciannove mesi dopo aver abbandonato la sua appartenenza al partito registrandosi come un repubblicano torna il 9 Marzo 2017.

L'ex avvocato di Donald Trump sarebbe stato all'altezza della promessa di essere imminente riguardo alle sue precedenti relazioni di lavoro con Donald Trump quando si è dichiarato colpevole il 29 Novembre 2018 per una denuncia sollevata dall'indagine del Consiglio speciale che aveva mentito al Comitato di intelligence e alla Camera del Senato Il comitato di intelligence nel 2017 circa il 2015 e il 2016 ha proposto l'accordo di Donald Trump Tower a Mosca che ha guidato. La ragione per cui ha dato questo atto di falsa testimonianza è che voleva che le sue dichiarazioni fossero in linea con i *"ripetuti disconoscimenti di legami commerciali e politici tra lui e la Russia."* Nonostante abbia ricevuto una condanna a due mesi, da scontare in concomitanza con la sua condanna a tre anni, a quanto pare non ha regredito nel suo cambiamento di cuore quando è comparso davanti al Comitato di sorveglianza della Camera il 27 Febbraio 2019, ha espresso rimorso e vergogna per alcuni dei le cose che ha fatto come avvocato personale di Donald Trump, e poi è arrivato al punto di sottolineare che il presidente lo ha rimborsato per i pagamenti illegali di silenzio che ha fatto.

Sembra che il 28 Febbraio 2019 di Michael Cohen e il suo 6 Marzo 2019, le testimonianze a porte chiuse del Comitato di intelligence della Camera abbiano fornito ulteriori informazioni sul presidente che alcuni funzionari eletti, in particolare del Partito Democratico, pensano di poter usare per portare il Donald Trump la presidenza a una fine prematura. Se questo è davvero il caso, allora il pubblico americano e coloro che trovano all'estero la saga della collusione di Donald Trump meritano la loro attenzione, dovrebbero aspettarsi un'altra svolta nel racconto con Michael Cohen che funge da catalizzatore principale. E proveniente da un uomo che una volta sosteneva che avrebbe preso un proiettile per Donald Trump, una simile posizione sarebbe davvero uno sviluppo intrigante.

III: George Papadopoulos

Un'altra persona che si è anche trovata nel mirino dell'indagine dello Consiglio speciale è stata George Papadopoulos, un poliglotta di per sé che parla arabo, inglese, francese e greco. In quello che è considerato un patteggiamento che riflette la sua collaborazione con l'indagine Mueller, l'ex consigliere per la politica estera nella squadra elettorale di Donald Trump si è dichiarato colpevole il 5 Ottobre 2017 di aver mentito agli agenti dell'FBI per i contatti che aveva con un possibile agente che lavorava per l'interesse russo che ha affermato di avere "sporcizia" su Hillary Clinton. È stato condannato a 14 giorni di carcere il 7 Settembre 2018, al 7 Dicembre 2018, ma è attualmente sotto un rilascio controllato di 12 mesi.

Nel suo libro intitolato *"Deep State Target: How I Got Caught in the Crosshairs of the Plot to Down Down President Presidente Trump"*, George Papadopoulos espone il suo lato della storia e la sua analisi dell'intera vicenda, supponendo che lui e diverse campagne di Donald Trump i soci furono intrappolati dalle indagini del Consiglio speciale e da alcuni dei servizi di sicurezza del paese.

Quindi, come ha fatto il giovane consulente energetico con gli occhi intelligenti che all'età di ventotto anni ha lavorato per la campagna di Ben

Carson da Dicembre 2015 a Febbraio 2016, per poi unirsi alla campagna di Donald Trump un mese dopo, rimanere impigliato in un tale caso che coinvolge cospirazioni internazionali di cui ha dichiarato di non essere a conoscenza all'epoca?

La risposta sta nel ruolo di Papadopoulos nella campagna di Donald Trump come uomo che ha organizzato incontri con leader stranieri, un ruolo che lo ha messo regolarmente in contatto con alti funzionari della campagna. La sua responsabilità intermedia tra l'altro lo espose inavvertitamente a personaggi insidiosi di cui il più importante si rivelò essere un accademico maltese chiamato Joseph Mifsud. Secondo quanto affermato da alcune figure di spicco dell'indagine, Mifsud aveva connessioni di alto livello con il governo russo. Quindi il fatto che Papadopoulos lo abbia incontrato due volte e gli sia stato detto nella seconda occasione che la Russia aveva "sporcizia" su Hillary Clinton, ha sollevato sospetti che non potevano essere facilmente respinti. Tuttavia, ciò che lo ha reso un possibile obiettivo per l'apparato di sicurezza americano è stato il suo 10 Maggio 2016, l'incontro con il più grande diplomatico australiano Alexander John Gosse Downer a Londra, dove avrebbe raccontato all'Aussie della "sporcizia" di Hillary Clinton, che all'epoca era sotto esame per aver eliminato migliaia di sue e-mail. Downer avrebbe informato l'FBI al riguardo e l'FBI avrebbe aperto un'indagine di controspionaggio su George Papadopoulos e altri soci di Donald Trump in relazione ai tentativi della Russia di interrompere le elezioni presidenziali americane del 2016. Ciò stava seguendo l'hacking, da parte di presunti agenti dell'intelligence russa, del Comitato nazionale democratico in cui le e-mail venivano rubate da uno o più hacker che operavano con lo pseudonimo di "Guccifer 2.0" e delle e-mail di John Podesta, il presidente del 2016 Campagna presidenziale di Hillary Clinton; e questo dopo che le informazioni hackerate sono state divulgate o pubblicate da DC Leaks a Giugno e Luglio 2016 e da WikiLeaks il 22 Luglio 2016.

Sebbene Papadopoulos non abbia denunciato immediatamente il commento di Mifsud sulla "sporcizia" di Hillary Clinton all'Intelligence americana, e pur accettando di essere a favore di una migliore cooperazione con la Russia, ha negato di fare qualsiasi iniziativa al governo russo. Tuttavia, gli agenti dell'FBI lo avrebbero intervistato il 27 Gennaio 2017, riguardo ai collegamenti della campagna di Donald Trump con la Russia. Ciò sarebbe seguito dal suo arresto senza mandato il 27 Luglio 2017, subito dopo essere atterrato all'aeroporto internazionale di Washington-Dulles da un volo dall'estero. E anche quello è stato pochi giorni dopo aver ricevuto $ 10.000 come fermo da un uomo in Israele, che ha affermato di avergli dato i brividi, ma che ha dichiarato lo scopo del denaro come la sua intenzione di fare affari con Papadopoulos.

Quindi, quando il 14 Maggio 2019, George Papadopoulos disse a Maria Bartiromo di Fox Business News che gli investigatori dovevano esaminare il pagamento in contanti di $ 10.000 che aveva ricevuto dall'uomo che sostiene fosse una spia, sembrava schierarsi con Donald Trump nella sua teoria della cospirazione di

Spygate che l'amministrazione del suo predecessore Barack Obama ha impiantato una spia nella sua campagna presidenziale del 2016 per scopi politici. Papadopoulos sollevò comunque più domande che risposte fornite in questo estratto della sua intervista:

.".. Arrivo a Dulles, ho agenti dell'FBI che si arrampicano, non sanno nemmeno perché mi stanno arrestando, non ho un mandato di arresto che mi aspetta, non mi è stato detto perché sono stato arrestato. E più tardi scopro da un rapporto uscito un paio di giorni fa che Andrew Weissmann e la squadra di Mueller erano in contatto con funzionari di Cipro, penso che l'addetto legale laggiù, per discutere di Paul Manafort e di me stesso, perché in realtà ero in Cipro durante quell'estate.

Quindi qualcosa di insidioso stava succedendo qui. Penso che queste fatture che sono ancora ad Atene in questo momento debbano essere esaminate dagli investigatori, perché penso che siano contrassegnate e torneranno al DOJ, sotto il precedente FBI sotto la guida di Comey, e persino del team Mueller.

Se il team Mueller sta andando in giro intrappolando i soci della campagna e i soci di Trump, nel modo in cui mi hanno fatto, sono sicuro che non sono stati solo io a farlo, e aprirà un'enorme lattina di vermi e penso dobbiamo arrivare fino in fondo esattamente, non solo come è iniziata questa storia, ma perché ci hanno intrappolati andando avanti..."

Convinto che le bollette dei 10.000 dollari che aveva ricevuto fossero marcate, George Papadopoulos andò oltre durante l'intervista e chiese che le banconote fossero riviste dal Congresso, William Barr, l'ispettore generale del Dipartimento di Giustizia degli Stati Uniti Michael E. Horowitz, così come John W. Huber, nominato dal procuratore generale degli Stati Uniti Jeff Sessions nel 2017 per avviare le indagini sulla sorveglianza dell'FBI su Carter Page e sui collegamenti tra la Clinton Foundation e Uranium One. George Papadopoulos ha anche richiesto il contributo di altre agenzie e investigatori.

Alcuni esperti considerano la vicenda di Papadopoulos confusa per molteplici ragioni, citando esempi da una serie di indicazioni, l'intervista di Downer del 28 Aprile 2018 a The Australian, il giornale più distribuito a livello nazionale in Australia, dove ha detto tra l'altro che."*.. nulla [Papadopoulos] ha detto nel loro incontro indicava che Donald Trump stesso aveva cospirato con i russi per raccogliere informazioni su Hillary Clinton."*; così come il fatto che Joseph Mifsud *"manca e potrebbe essere deceduto"*, un'informazione tratta dal deposito di Settembre 2018 in un tribunale federale americano nel caso del *Comitato nazionale democratico contro la Federazione russa* che certamente solleva le sopracciglia.

IV: Alex Van Der Zwaan

L'olandese belga Alex van der Zwaan è stato il primo condannato al carcere in relazione alle indagini del Consiglio speciale sulla possibile collusione con la Russia. Tuttavia, la sentenza di 30 giorni dell'avvocato è stata fondata sul fatto che si è dichiarato colpevole di aver mentito agli agenti federali sui suoi contatti nel Settembre 2016 con il vice presidente della campagna di Donald Trump Rick Gates, mentre rispondeva alle domande sull'interferenza russa nelle elezioni del 2016 in Gli stati uniti.

Fu, tuttavia, il rapporto di lavoro di Alex van der Zwaan con Paul Manafort a metterlo sul radar dell'FBI, della CIA e degli altri apparati di sicurezza degli Stati Uniti d'America. Il suo periodo di lavoro come avvocato presso l'ufficio londinese dello studio legale internazionale Skadden, Arps, Slate, Meagher e Flom LLP dal 2007-2017, lo ha visto fare diversi lavori di consulenza in Russia e Ucraina per la sua azienda. Fu anche durante questo periodo che trovò sua moglie - la figlia del tedesco ucraino Borisovich Khan, un ricco comproprietario della Alfa Bank russa che oltre a distinguersi come titolare di cittadinanza ucraina, russa e israeliana, ha la sua nome citato nel famigerato dossier scritto dall'ex funzionario dell'intelligence britannico Christopher Steele, in sostanza un resoconto controverso che ha scatenato la storia della Russia Collusion. Infatti, il tedesco Khan e i suoi compagni proprietari di Alfa Bank Mikhail Fridman e Petr Aven, hanno presentato una causa per diffamazione contro BuzzFeed nel Maggio 2017, accusando la società americana di media, notizie e intrattenimento di aver pubblicato il dossier non verificato di Trump-Russia che ha sostenuto legami finanziari e collusione tra Donald Trump, il presidente russo Vladimir Putin e i tre proprietari di Alfa Bank.

Il rapporto di Alex van der Zwaan con Manafort e Rick Gates è emerso dal rapporto del 2012 secondo cui il governo dell'allora presidente ucraino Viktor Yanukovich aveva commissionato a Skadden Arps di lavorare, tramite Manafort, un brutto lavoro, per l'allora ambasciatore degli Stati Uniti in Ucraina John E. Herbst, contro l'ex primo ministro pro-occidentale ucraino Yulia Tymoshenko, che è stata effettivamente utilizzata per difendere la sua azione penale, la sua condanna e la sua detenzione di sette anni, abbreviata solo dall'Euromaidan del 2014. Alex van der Zwaan è stato tuttavia accusato per la sua diffusione di un rapporto sfavorevole su Yulia Tymoshenko negli Stati Uniti e in altri paesi occidentali, e per la presunta menzogna sulle sue comunicazioni del 2016 con Rick Gates e il socio in affari di lunga data di Manafort Konstantin Kilimnik, che il consulente speciale ha considerato un ex ufficiale dell'intelligence della Russia.

Il fatto che a Gennaio 2019, Skadden Arps abbia accettato di pagare la somma di $ 4,6 milioni a titolo di insediamento al Dipartimento di Giustizia per le sue indagini sul lavoro svolto dall'azienda con Paul Manafort e per il deposito retroattivo di adeguate pratiche di lobbying all'estero, ci dice un molto sulla connessione ucraina nella caduta dalla grazia di Alex van der Zwaan. E il fatto che sia stato espulso dopo aver scontato la pena detentiva spiega il ruolo fuori misura che la connessione ucraina ha giocato nell'intera storia della collusione agli occhi di alcune persone.

V: Richard Pinedo

Un caso che non ha ricevuto molta attenzione da parte dei media mainstream è stata la condanna del 10 Ottobre 2018 da parte del giudice distrettuale degli Stati Uniti Dabney L. Friedrich del mago del computer Richard Pinedo a sei mesi di reclusione e sei mesi di reclusione per frode d'identità al suo ruolo nella gestione di una società di server online chiamata Auction Essistance, che è stata coinvolta nell'acquisto e nella vendita di numeri di conto bancario che hanno aiutato gli utenti a eludere le misure di sicurezza delle società di pagamento digitali come eBay e PayPal. Un'azione illegale di per sé, Richard Pinedo ha avuto la sfortuna in più di vendere queste false identità online a 13 russi che le hanno usate per acquistare pubblicità su Facebook. Questi russi sono stati incriminati dall'indagine del Consiglio speciale per aver interferito nelle elezioni presidenziali del 2016.

Il core business di Auction Essistance, che prevedeva l'intermediazione di numeri di conti bancari, consentiva alle persone a cui era stato vietato l'accesso a siti Web come PayPal ed eBay, di fare nuovamente affari con tali siti Web, ma con un'identità diversa. In realtà, Richard Pinedo ha gestito la linea per due anni fino a quando ha attirato l'attenzione delle agenzie di sicurezza del paese e del team Mueller. Nel suo accordo di appello del 2 Febbraio 2018, il giovane si è dichiarato colpevole di due accuse di reato di frode d'identità e di utilizzo dell'identità di altri individui per "attività illecite." Cooperando pienamente con le indagini, i quindici anni di detenzione federale e una multa di $ 250.000 che un tale crimine comporta con sé in quanto la punizione è stata ridotta alla pena detentiva limitata che ha ottenuto, in modo che oggi sia un uomo libero. In effetti, quando lo disse al tribunale il giorno della sua condanna,

"Mi assumo la piena responsabilità di ciò che ho fatto ... Ho cercato di fare tutto il possibile per aiutare in questa indagine,

si è fatto uno dei più cooperativi con cui ha collaborato la Indagine Speciale sui Consigli.

CAPITOLO TRE

Collusione e Limbo

"Se vuoi fare pace con il tuo nemico, devi lavorare con il tuo nemico. Quindi diventa il tuo partner."
Nelson Mandela

"Se dici la verità, non devi ricordare nulla."
Mark Twain

"Chiunque rovescerebbe la libertà di una nazione deve iniziare soggiogando la libertà di parola."
Benjamin Franklin

C'è un senso di ambivalenza quando si tratta della natura dei casi che coinvolgono alcuni degli individui esaminati dall'indagine del Consiglio speciale. La natura delle loro esculpazioni, i verdetti pendenti e la cooperazione lascia il terreno fertile per lo sviluppo di tutte le teorie della cospirazione. Dobbiamo solo esaminare alcuni di questi casi per trarre le nostre conclusioni.

I: Michael Thomas Flynn

Il primo consigliere per la sicurezza nazionale di Donald Trump, Michael Thomas Flynn, che ha prestato servizio nell'amministrazione Trump dal 23 Gennaio 2017 al 13 Febbraio 2017, è stato il secondo pesce grosso nel campo di Donald Trump a essere stato intercettato dalla Indagine Speciale sui Consigli. La sua carriera più lunga è stata presso l'esercito degli Stati Uniti, dove ha prestato servizio per 33 anni fino a quando non si è ritirato nell'Agosto 2014 con il grado di tenente generale. Entrò in affari subito dopo il suo tempo con l'esercito americano.

Michael Flynn è considerato da alcuni come un pesce ancora più grande di Paul Manafort. È stato costretto a rassegnare le dimissioni dall'amministrazione Donald Trump il 13 Febbraio 2017, solo dopo essere diventato a conoscenza delle informazioni che aveva ingannato l'FBI e il vicepresidente americano Mike Pence sulla natura e il contenuto delle sue comunicazioni con Sergey Kislyak, che a il tempo era l'ambasciatore russo negli Stati Uniti d'America.

Dopo numerose indagini ravvicinate e stretti impegni con diverse agenzie federali, Michael Flynn si è dichiarato colpevole il 1 ° Dicembre 2017 di "intenzionalmente e consapevolmente" fare "dichiarazioni false, fittizie e fraudolente" all'FBI su un contratto di consulenza da $ 530.000 che aveva con la società olandese Inovo BV, che era principalmente destinato a beneficio del governo turco, e delle sue conversazioni con Sergey Kislyak, anche se in seguito ha precisato che durante la sua conversazione del 29 Dicembre 2016 con l'ambasciatore russo, ha chiesto al diplomatico straniero *"di astenersi dall'escalation...in risposta alle sanzioni che gli Stati Uniti avevano imposto alla Russia lo stesso giorno."* Finora Michael Flynn non è stato condannato, anche se diversi tentativi di farlo sono finiti in rinvio. In effetti, l'indagine Mueller ha suggerito che avrebbe dovuto ricevere poco o niente tempo in prigione, un punto confermato da un memorandum di condanna rilasciato il 4 Dicembre 2018, in cui si afferma che Michael Flynn *"merita il merito di aver accettato la responsabilità in modo tempestivo e di aver sostanzialmente aiutato il governo."*

Tuttavia, è stata l'associazione di Michael Flynn con aziende e governi che ha portato a denunce per possibili conflitti di interesse e una accusa penale imposta contro di lui. È ampiamente affermato che il numero impressionante e la sostanza delle iniziative imprenditoriali che ha accumulato dopo il suo ritiro dalle forze armate fino a quando è diventato consigliere per la sicurezza nazionale di Donald Trump il 23 Gennaio 2017, è stata la sua rovina.

Durante quel periodo in affari, ha fatto parte del consiglio di amministrazione di diverse organizzazioni, mentre gestiva anche una società di consulenza che forniva servizi di intelligence per aziende e governi. Flynn Intel Group Inc, come veniva chiamata la società di consulenza, si è evoluta con il tempo per includere le filiali.

Proprio come Paul Manafort, anche Flynn era nel mirino di diverse agenzie federali prima di essere incorporato nella squadra di Donald Trump. In effetti, poco dopo le elezioni presidenziali del 2016, ha persino fatto sapere al consigliere del team di transizione Don McGahn che era sotto inchiesta federale per aver fatto pressioni segretamente per la Turchia durante la campagna. L'avvertimento del presidente Obama del 10 Novembre 2018 al presidente eletto Donald Trump contro l'assunzione di Michael Flynn, così come il consiglio di Chris Christie a Donald Trump contro la trasformazione del tenente generale in pensione come consigliere per la sicurezza nazionale, vanno tutti a spiegare l'entità della carne bovina l'amministrazione Obama e le agenzie di intelligence stavano avendo con Michael Flynn. Curiosamente, è stato il presidente Barack Obama a nominare Michael Flynn come 18 ° direttore della Defense Intelligence Agency, un incarico che ha ricoperto dal 24 Luglio 2012 al 7 Agosto 2014.

Anche prima del suo apparente ritiro forzato dopo 33 anni di servizio, Michael Flynn aveva espresso i suoi dubbi sulla narrazione dell'amministrazione Obama secondo cui Al Qaeda era sull'orlo della sconfitta. Aveva anche messo in dubbio la saggezza nel rovesciare l'uomo forte siriano Bashar Al-Assad, basando le sue argomentazioni sulla base del fatto che l'insurrezione siriana era dominata da islamisti radicali che si dedicavano alla creazione di un califfato islamico. Assumendo una posizione del genere, Michael Flynn si è automaticamente reso un implacabile oppositore di quelli dell'amministrazione Obama, della burocrazia dell'establishment politico e persino di alcuni influenti alleati stranieri. Inoltre, l'ex militare, tra le altre cose, ha continuato a criticare la politica mediorientale di Obama durante la campagna presidenziale, al punto da:

- affermando addirittura l'11 Luglio 2016 di essere un "democratico pro-vita"
- invitare gli Stati Uniti a "lavorare in modo costruttivo con la Russia" in Siria
- opporsi all'accordo nucleare con l'Iran
- fare pressioni per il governo del presidente turco Recep Tayyip Erdoğan anche dopo il 15 Luglio 2016 ha tentato un colpo di stato contro l'uomo forte turco a cui Erdoğan ha risposto con una purga e un appello agli Stati Uniti d'America a."..estradare Fethullah Gülen" in Turchia, anche se sapeva che lo studioso, leader politico e predicatore islamico turco era il suo arcivale rivale. È un dato di fatto, le azioni e le politiche del presidente turco hanno iniziato ad allontanare lentamente la Turchia dai suoi alleati occidentali anni fa.
- soprattutto, aprendo la strada ai fedeli democratici nell'apparato di intelligence e sicurezza per vederlo come un soprabito, specialmente dopo che si è unito al team di Donald Trump.

II: Rick Gates

Un caso nell'indagine del Consiglio speciale il cui esito è molto atteso è quello di Rick Gates, ex socio in affari di Paul Manafort, meglio noto come ex presidente della campagna elettorale di Donald Trump che sta scontando una pena detentiva. Rick Gates ha lavorato per Manafort prima e durante la campagna. Il tandem di Gates e Manafort non coinvolgeva solo Gates a lavorare con Manafort per un paio di affari, uno dei quali è il lavoro di consulenza svolto per il deposto presidente ucraino Viktor Yanukovich. In effetti, Rick James a un certo punto era il vice presidente della campagna presidenziale di Donald Trump e guidava persino il comitato inaugurale di Trump. Il fatto che si sia dichiarato colpevole nel Febbraio 2018 di aver mentito agli agenti dell'FBI e di una cospirazione contro gli Stati Uniti d'America a seguito del suo lavoro con Paul Manafort a beneficio dell'ex presidente ucraino mentre operava come lobbista non registrato, lascia molto spazio per la speculazione.

Il Virginian nato e basato Rick Gates ha attraversato per la prima volta percorsi con Paul Manafort durante il suo tirocinio presso la società di consulenza chiamata Black, Manafort, Stone e Kelly. Ha impressionato il lobbista repubblicano Rick Davis mentre lavorava nell'ufficio di Washington, DC. Questo è il motivo per cui dopo che nel 2006 Rick Davis e Paul Manafort hanno costituito una nuova società di consulenza chiamata Davis Manafort, ha pensato che si potesse fare affidamento su Rick Gates, e così l'ha assunto. Con un ufficio nella capitale ucraina di

Kiev, Davis Manafort sollecitava i clienti nel mondo dello slavo orientale, alla fine lavorando per il politico ucraino e successivamente il presidente ucraino Viktor Yanukovych, così come altri clienti come l'oligarca russo Oleg Deripaska che tra l'altro possedeva uno dei più grandi gruppi industriali diversificati in Russia chiamato Basic Element Ltd. Gates divenne inestimabile per la società di consulenza al punto in cui ebbe un ruolo importante nell'intermediazione di un incontro nel 2006 tra l'allora senatore e il promettente presidente John McCain e l'oligarca russo Deripaska. Quindi non è stata una sorpresa che dopo che Rick Davis lasciò Davis Manafort nel 2008 e si unì al team della campagna presidenziale di John McCain, Rick James divenne il suo sostituto logico in azienda. Fu così che le sue fortune o sventure aumentarono nella compagnia al punto in cui era accanto a Paul Manafort nel lavoro di consulenza straniera che aiutò Yanukovych e il suo partito a vincere le elezioni parlamentari del 2006 e le elezioni presidenziali del 2010 che segnarono il ritorno politico e il dominio di Yanukovych Politica ucraina rispettivamente; cioè, fino al suo rovesciamento nel 2014.

È difficile trovare qualcuno che affermi che la carriera e la vita di Rick Gates non hanno preso la piega nell'abisso quando ha iniziato a lavorare per la campagna di Donald Trump nel Giugno 2016, dopo che Donald Trump ha reso Paul Manafort il suo responsabile della campagna. Manafort non ha esitato a promuoverlo al posto di vicedirettore della campagna incaricato di gestire le attività quotidiane della campagna come se non potesse essere efficace nel lavoro di campagna superiore senza il suo subordinato di dieci anni.

Rick Gates si sarebbe rivelato davvero prezioso perché Donald Trump avrebbe continuato a vincere le elezioni presidenziali del 2016. Tuttavia, quando una grande giuria federale ha accusato Rick Gates e Paul Manafort il 27 Ottobre 2017, come parte dell'indagine sulle interferenze russe nelle elezioni degli Stati Uniti del 2016, nonché su questioni correlate che le indagini del Consiglio speciale stavano conducendo, è emerso che c'era di più nella storia di Rick Gates di quanto non si vedesse. Tuttavia, lui e Manafort si dichiarerebbero non colpevoli alla loro udienza del tribunale del 30 Ottobre 2017 all'accusa di dodici conteggi accusandoli di cospirazione contro gli Stati Uniti d'America, con dichiarazioni false, con riciclaggio di denaro sporco e con la mancata registrazione come stranieri agenti per l'Ucraina come richiesto dalla legge sulla registrazione degli agenti stranieri.

Le cose hanno preso una piega inaspettata quando Robert Mueller ha rivelato nuove accuse nel caso Manafort e Gates il 22 Febbraio 2018, portando così i conteggi a 32 — sedici conteggi di false dichiarazioni dei redditi individuali, sette conteggi relativi alla mancata presentazione di rapporti di conti finanziari e conti bancari esteri, cinque conteggi della cospirazione delle frodi bancarie e quattro conteggi della frode bancaria. Rick Gates ha risposto allo sviluppo dichiarandosi colpevole il 23 Febbraio 2018, per un conteggio della cospirazione contro gli Stati Uniti d'America e un conteggio delle dichiarazioni false. Ha anche accettato di collaborare all'inchiesta

Mueller. In seguito avrebbe lavorato come testimone principale contro Paul Manafort, fornendo all'indagine del Consiglio speciale uno spaccato della vasta cospirazione criminale di sette anni che ha ingaggiato con Manafort che va dalla menzogna al Servizio delle entrate interne, al riciclaggio di denaro, al gonfiamento delle sue spese conti con addebiti falsi, per evitare il pagamento delle tasse e per falsificare i documenti alle banche al fine di ottenere milioni di dollari in prestiti.

III Roger Stone

Roger Stone, un colorato consulente politico e collaboratore di lunga data di Donald Trump sembra essere uno dei nomi popolari messi in relazione con l'indagine del Consiglio speciale, ma che non è stato ancora emesso alcun giudizio. Essendo solo un consulente informale della campagna di Donald Trump, logicamente non avrebbe dovuto figurare nell'elenco dei principali sospettati nella storia della Collusione russa, ma è considerato da molti come il più imponente di tutte le "vittime" o "cattivi" dell'indagine Mueller. Non che molte persone sfuggirebbero a criticare qualcuno per aver pensato che Roger Stone fosse in parte responsabile di attirare così tanta pubblicità negativa su se stesso, il che ha portato al suo arresto e all'accusa del 25 Gennaio 2019 su sette accuse relative a cinque accuse di mentire agli investigatori, assistere a manomissioni e ostacolare un procedimento ufficiale. Rilasciato in prestito lo stesso giorno, si è impegnato a combattere le accuse.

Roger Stone, dalla lingua tagliente, si è imbattuto in un agente provocatore quando è apparso per far uscire il gatto dalla borsa, suggerendo su Twitter informazioni dannose che stavano per essere scoperte su Hillary Clinton e il suo presidente della campagna presidenziale 2016 John Podesta. Il fatto che abbia inviato quei tweet pochi giorni prima del 7 Ottobre 2016, quando WikiLeaks ha iniziato a pubblicare le migliaia di e-mail che ha affermato siano state recuperate dall'account Gmail privato di Podesta, ha reso ancora più logico che si sia trovato nell'elenco dei principali aiutanti della campagna di Donald Trump che erano a conoscenza dei piani di WikiLeaks di rilasciare le e-mail rubate al pubblico. Per il semplice motivo che le e-mail hanno compromesso le posizioni o la strategia della campagna di Hillary Clinton e il fatto che si riteneva fossero stati rubati dalla campagna di Clinton e dal Comitato nazionale democratico da agenti russi, Roger Stone si era inavvertitamente sospettato fortemente non solo del coinvolgimento con i russi credevano di aver fatto l'hacking, ma anche di trattare con Wikileaks.

A una mente curiosa sarebbe difficile trovare una risposta sul fatto che Roger Stone potesse essere un agente-provocatore come lui stesso sosteneva; e se sì, cosa intendeva veramente quando diceva tra l'altro che *"Il trucco sporco di un uomo è l'azione politica e civile di un altro uomo"*?

Non c'è dubbio che Roger Stone abbia combattuto le accuse, che ha considerato politicamente motivato, in un modo che sa di indignazione. E lo ha fatto in modo così energico e con fanfara che è degno di attenzione, mantenendo la sua pretesa o il suo impegno che non avrebbe "reso falsa testimonianza" contro Donald Trump, una posizione che lo ha visto negare qualsiasi illecito prima e dopo le elezioni. è il motivo per cui mentre fa eco al presidente chiamando ripetutamente l'indagine una "caccia alle streghe", fondamentalmente sta affermando l'affermazione che le accuse di collusione con la Russia sono "un piatto fumante di tori ...", come ha detto una volta.

Anche così, quasi nessuno l'ha visto arrivare il 18 Febbraio 2019; ha pubblicato una foto su Instagram di Amy Berman Jackson, il giudice federale che sovrintende al suo caso, con quello che sembrava un mirino di un fucile vicino alla testa del giudice. Nonostante le scuse di Stone il giorno successivo, Amy Berman Jackson ha risposto all'incomprensibile gaffe imponendo un completo ordine di bavaglio all'imputato assediato sulla base del fatto che non avrebbe "rappresentato un pericolo" per gli altri se non avesse discusso il caso in pubblico.

Quando il 20 Giugno 2019, l'assistente procuratore degli Stati Uniti Jonathan Kravis ha guidato altri procuratori per iscritto che "i post di Stone violano l'ordine di questa Corte che Stone non commenta" nei media o in contesti pubblici sulle indagini del Consiglio speciale o sul caso o su nessuno dei partecipanti nell'indagine o nel caso.'", Travis si è imbattuto in qualcuno che era fermamente convinto che i recenti post sui social media da parte del confidente di lunga data Donald Trump attaccando l'FBI e la sonda di avvocato speciale di Robert S. Mueller III fosse un'altra ripetizione della sua violazione di l'ordine di bavaglio del giudice federale. Indipendentemente da come le diverse fazioni lo guardano, è la reazione dei commentatori che è stata più fastidiosa per l'accusa. Non solo alcuni di loro si sono riferiti all'inchiesta come una "*bufala della Russia*", ma alcuni hanno anche applaudito il team di difesa di Roger Stone per aver rivelato *"lezioni profondamente inquietanti sul livello di corruzione ai massimi livelli delle agenzie. che hanno il compito di proteggerci dalle minacce esterne..."* Queste affermazioni sono in sostanza una condanna della comunità dell'intelligence.

Lo sgargiante Roger Stone sembra prendere sul serio i recenti sviluppi mentre si avvicina la sua data di prova del 5 Novembre 2019 perché ha tenuto una raccolta fondi ad Annandale, un quartiere della classe media di New York City, a Staten Island tre giorni dopo, nel tentativo di recuperare alcuni dei 2 milioni di dollari in spese legali che il caso gli sta costando. Quindi, quando il 16 Luglio 2019, il giudice Amy Berman Jackson del tribunale di Washington, DC, gli ha vietato di pubblicare qualsiasi cosa su tutte le principali piattaforme di social media (Instagram, Facebook e Twitter) dopo aver violato un ordine di rigore già severo nel suo caso criminale, gli esperti non hanno potuto fare a meno di riflettere sul fatto che è stato fortunato, soprattutto dopo che una litania dei suoi post recenti dal suo account Instagram è stata fornita come prova della sua violazione dell'ordine del bavaglio volto a impedirgli di pregiudicare i futuri giurati.

IV: Gregory Bestor Craig

Quando il 12 Agosto 2019, le notizie sono arrivate al pubblico annunciando la data del processo del 19 Agosto 2019 per Gregory Bestor Craig, un avvocato che ha lavorato come consulente alla Casa Bianca dal 20 Gennaio 2009 al 3 Gennaio 2010, sotto l'amministrazione del presidente Barack Obama, ha segnato una fase curiosa nel rapporto post-Mueller della politica americana o quello che altrimenti viene chiamato il Rapporto sull'indagine sulle interferenze russe nelle elezioni presidenziali del 2016. È un dato di fatto, Craig è stato molto apprezzato nei vertici del Partito Democratico a causa del fatto che ha servito bene nell'amministrazione Obama e ha anche lasciato una buona impressione lavorando come consigliere della Casa Bianca nell'amministrazione Clinton dal 10 Luglio, 1997 - 16 Settembre 1998. Ecco perché la sua incriminazione nell'Aprile 2019 per aver negato informazioni al Dipartimento di Giustizia e per aver deliberatamente dato informazioni false ad esso ha sorpreso molte persone.

Craig potrebbe non essersi trovato in acqua calda oggi se fosse tornato nel suo vecchio studio legale Williams & Connolly dopo aver lasciato il lavoro di consulente alla Casa Bianca nel 2010 o se avesse rifiutato l'offerta più allettante di lavorare per il più noto studio legale Skadden, Arps, Slate, Meagher & Flom LLP e affiliati, a volte chiamati Skadden Arps o ciò che è comunemente noto come Skadden. Ma sarebbe entrato a far parte dell'azienda nel Gennaio 2010 come partner del Global Practices Policy and Litigation Strategy Practice Group e avrebbe svolto attività lavorative presso la sede di Washington DC, in rappresentanza di clienti di alto profilo come Goldman Sachs e John Eduard, il candidato democratico alla carica di Vice Presidente nel 2004.

La genesi di tutto ciò è stata nel Maggio 2010, il giorno in cui la procura generale ucraina ha avviato una serie di procedimenti penali contro Yulia Tymoshenko, la candidata filo-occidentale che dopo aver perso il deflusso delle elezioni presidenziali a Yanukovich del 07 Febbraio 2010, è rimasta virulentemente contraria al nuovo presidente ucraino. Craig avrebbe dovuto diffidare dopo che il Parlamento europeo aveva approvato una risoluzione che condannava il governo Yanukovich per la persecuzione di Tymoshenko e per il perseguimento di numerosi casi contro di lei e i suoi ministri, di cui il "caso Gas", basato su un contratto che aveva firmato nel 2009 con il La compagnia di gas russa Gazprom forniva gas naturale all'Ucraina nella sua veste di Primo Ministro dell'Ucraina, era il più importante: la corte avrebbe accusato Tymoshenko di abuso di potere e appropriazione indebita sulla base del fatto che l'accordo non serviva gli interessi dell'Ucraina e che era per benefici personali. Ciò avrebbe portato alla sua condanna a sette anni di carcere tra le altre sentenze, punizioni che ha iniziato a scontare il 30 Dicembre 2011.

Alcuni esperti ritengono che Craig si sia trovato in difficoltà legali dopo che non è riuscito a registrarsi come agente straniero in violazione della legge che richiede che lobbista lo faccia quando fa pressioni per conto di governi stranieri. Questo stava seguendo un lavoro del 2012 che ha svolto per il governo ucraino sotto la presidenza di Viktor Yanukovich, deriso dai governi occidentali per la sua posizione filo-russa e per essere responsabile dell'incarcerazione di Yulia Tymoshenko, cara dell'Occidente e un eroe della Rivoluzione arancione del 2004 in Ucraina. Anche se il governo Yanukovich ha incaricato il team di avvocati di Skadden che Craig ha portato a esaminare gli errori nel processo di Tymoshenko; e anche se il rapporto prodotto dal team guidato da Craig mostrava che a Yulia Tymoshenko era impedito di avere consulenze legali nelle "fasi critiche" del caso giudiziario e di avere convocato testimoni critici per rafforzare la sua difesa; il rapporto concludeva che la condanna di Tymoshenko non era motivata politicamente da Yanukovich per reprimere l'opposizione e che era sostenuta da prove.

Craig non solo non è riuscito a promuovere il suo controverso rapporto tra giornalisti e membri del congresso, ma non è riuscito a convincere gli avvocati e i gruppi per i diritti umani di Tymoshenko. Questo è il motivo per cui non molte persone sono rimaste sorprese quando si è dimesso da Skadden nell'Aprile 2018 dopo che l'indagine dello Consiglio speciale ha accusato Alex van der Zwaan, un avvocato dell'ufficio londinese dello studio che ha partecipato alla sua squadra che ha svolto il lavoro investigativo sull'incarcerazione di Tymoshenko. Tuttavia, molte persone hanno pensato che la questione fosse risolta definitivamente dopo che Skadden ha pagato $ 4,6 milioni come parte di un accordo con il Dipartimento di Giustizia degli Stati Uniti per il lavoro non registrato che lo studio legale ha svolto in collaborazione con Paul Manafort per il governo Yanukovich. La sua accusa di Aprile 2019 è stata una sorpresa, va bene. Tuttavia, è il suo processo previsto per il 19 Agosto 2019, che determinerà l'entità della debacle dell'Ucraina nell'intera indagine del Consiglio speciale che sembrerà sicuramente riverberare per molti più mesi o forse anche molti altri anni a venire.

V: The Russians

Probabilmente ci mancherà il quadro generale e mineremo la serietà del lavoro dell'indagine del Consiglio speciale sull'interferenza russa nelle elezioni degli Stati Uniti del 2016 e collegamenti sospetti tra soci di Trump e funzionari russi se non riusciamo a soffermarci sui russi che sono stati catturati nel mirino dell'indagine Consiglio speciale e abbiamo trovato un posto nel rapporto Mueller, e soprattutto se ci concentriamo invece o esclusivamente sugli attori americani in quella che dovrebbe essere una madre drammatica che lancia la Russia come il principale cattivo che ha costretto i suoi figli a "contaminare il sacralità degli Stati Uniti. elezioni hackerando le macchine elettorali americane e influenzando alcuni degli attori coinvolti nelle campagne e nelle elezioni.

Anche se nessun singolo cittadino russo è stato giudicato o condannato, la Maggior parte di coloro che sono stati finora incriminati sono stati russi. Possiamo dividere gli indici in tre categorie:

1. Il Konstantin Kilimnik, nato in Ucraina, che detiene anche la cittadinanza russa a seguito della sua istruzione superiore in Russia e dei primi anni di lavoro lì, si distingue come il più importante russo per essere accusato dalla giuria dell'inchiesta del Consiglio speciale con l'accusa di ostruzione alla giustizia e di cospirazione per ostacolare la giustizia tentando di manomettere un testimone per conto di Paul Manafort. Riferito ampiamente dal rapporto Mueller, Kilimnik, che ha lavorato per Manafort per più di un decennio dalla sua base nella capitale ucraina di Kiev, è percepito come avere legami con l'intelligence russa, qualcosa che ha negato ripetutamente e con veemenza. Tuttavia, ciò che non poteva negare erano i suoi legami con i magnati degli affari russi e ucraini tra cui Oleg Deripaska, Rinat Akhmetov e Serhiy Lyovochkin. L'indagine di Mueller ha visto la criminalità nei suoi rapporti d'affari con Manafort durante la primavera e l'estate del 2018, quando presumibilmente ha servito come condotto tra Manafort e interessi che si sono opposti al governo post-yanukovich americano / sostenuto dall'UE in Ucraina, vale a dire coloro che si sono opposti al ex presidente ucraino Yanukovych, Russia e forze filo-russe in Ucraina. Kilimnik ha chiuso l'8 Giugno 2018 con l'accusa di uno scambio di e-mail con il Washington Post il 5 Aprile 2019, in cui ha dichiarato tra l'altro quanto segue: *"Non ho legami con il russo o, del resto, con qualsiasi*

operazione di intelligence ... Questo è uno dei Maggiori errori nella percezione pubblica e nel rapporto. Semplicemente non si basa su alcun dato ed è una narrativa inventata ... Non ho assolutamente nulla a che fare con l'interferenza della Russia nelle elezioni statunitensi indagate dal signor Mueller."

Il trucco, tuttavia, è che sebbene abbia ammesso di aver studiato e addestrato l'intelligence sovietica e in seguito russa presso l'Università militare di Mosca, afferma anche di essere stato licenziato dal Servizio di sicurezza federale russo nei primi anni 2000.

2. Tre giorni prima che il presidente Donald Trump incontrasse il presidente russo Vladimir V. Putin a Helsinki, in Finlandia, l'indagine speciale ha accusato 12 russi considerati agenti di intelligence per il GRU (l'agenzia di intelligence militare straniera dello Stato Maggiore degli armati Forze della Federazione Russa) per aver hackerato il Comitato Nazionale Democratico e la campagna presidenziale di Clinton. Citando una litania di sfacciate operazioni di sotterfugio che questi agenti presumibilmente avevano condotto con l'intenzione di seminare il caos poco prima dell'8 Novembre 2016, l'accusa di 29 pagine ha presentato un caso contro la Russia che è difficile da respingere per una persona media. Le presunte azioni condotte dagli agenti russi includevano riciclaggio di denaro,

phishing e tentativi di accesso al consiglio elettorale di diversi stati negli Stati Uniti. Tuttavia, le forze pro-Trump e la Russia hanno considerato il momento dell'accusa come uno sforzo ben pianificato per silurare il vertice di Helsinki del 16 Luglio 2018, il primo tra i due presidenti, che speravano avrebbe disgelato la guerra fredda in via di sviluppo tra la Russia e gli Stati Uniti e i suoi alleati scatenati dal rovesciamento dello Yanukovich ucraino, l'arrivo al potere delle forze filo-occidentali in Ucraina, l'annessione della Russia alla provincia ucraina di Crimea (Russia sovietica fino al 1956 quando l'allora leader dell'Unione Sovietica Nikita Krusciov lo trasferì nella Repubblica sovietica dell'Ucraina) e nel conflitto armato nel Donbass ucraino (le province di Lugansk e Donetsk che furono le roccaforti del deposto presidente ucraino). Il fatto che nessuno dei dodici agenti dell'intelligence russa sia stato accusato, specialmente mentre vivono all'estero, lontano dalla giurisdizione americana, rende la verifica delle accuse contro di loro difficile e controversa. Inoltre, la costituzione della Russia, proprio come quella degli Stati Uniti, protegge generalmente i suoi cittadini dall'estradizione e dalla deportazione. Questo è il motivo per cui è altamente improbabile che qualcuno dei cittadini russi venga portato agli Stati Uniti d'America per essere giudicato.

3. Si dice che i 13 russi e le tre società accusati il 16 Febbraio 2018 per aver aiutato la campagna di Donald Trump costituiscano la parte dell'interferenza russa secondo cui l'indagine del Consiglio speciale apparentemente non considera un lavoro diretto dei servizi di intelligence russi. Descritta come una rete sofisticata che ha minato i candidati designati e il sistema politico americano, l'interconnessione ha coinvolto, tra l'altro, un'agenzia di ricerca Internet funzionante nella città imperiale russa di San Pietroburgo, e si dice che si sia estesa ai feed sociali nel Gli Stati Uniti attraverso campagne di social media volte a catturare gli americani, esacerbando le loro divisioni politiche e organizzando manifestazioni, in particolare negli stati del campo di battaglia elettorale, tutto a beneficio di Donald Trump. Alcuni dei 13 civili russi accusati includevano clienti di Richard Pinedo che acquistavano da lui conti bancari su Internet. Il fatto che tutte e tre le società incriminate siano di proprietà del magnate della ristorazione Yevgeny Prigozhin, che oltre ad essere uno dei 13 rappresentanti, ha anche ospitato diverse cene in Russia per dignitari stranieri a cui ha partecipato anche Vladimir Putin, bizzarro colpo di scena. Come nell'altra categoria di casi che coinvolgono la Russia, non ci si aspettava progressi in queste accuse. Quindi, quando l'8 Maggio 2019, una coppia di avvocati di una delle società accusate — Concord Management and Consulting, LLC —

ha superato le aspettative presentandosi al tribunale federale di Washington per dichiararsi non colpevole delle accuse, ha messo in discussione le affermazioni dall'ufficio di Mueller che il governo russo non aveva collaborato con i loro sforzi per servire le convocazioni su quelli accusati di essere coinvolti in un'operazione implacabile, ben finanziata e articolata che ha sovvertito le elezioni presidenziali del 2016.

Oggi, è ovvio che i verdetti attesi sui casi che coinvolgono Michael Flynn, Rick Gates e Roger Stone non stimolano gli americani tanto quanto hanno fatto prima della pubblicazione del rapporto sull'indagine dello Consiglio speciale. Secondo alcuni, il Rapporto Mueller ha inavvertitamente escluso Donald Trump e la sua squadra di collusione con la Russia e, così facendo, ha indebitamente indebolito il caso relativo al coinvolgimento di Russia e Russi nell'esito delle elezioni presidenziali del 2016.

Ora, la domanda è se l'amministrazione Donald Trump vincerà i suoi trenta mesi in carica attingendo ai suoi successi, padroneggiando gli strumenti per superare le sfide che deve affrontare e gli americani, basandosi sui suoi punti di forza, neutralizzando le minacce a e sfruttando le opportunità che può sfruttare con successo per portarlo avanti nei prossimi diciassette mesi in modo così positivo che aumenterebbe le sue possibilità di vincere le elezioni presidenziali del 2020, facendo di Donald Trump un presidente a due mandati nonostante forte opposizione da parte degli avversari, nemici e rivali del presidente.

Un riassunto di quelli accusati dall'indagine Mueller

	NOME	ACCUSE	RISULATI
	Roger Stone, ex consigliere di Donald Trump	Accusato di aver mentito al Congresso, ostruzione e manomissione dei testimoni	Dichiarato non colpevole
	Michael Cohen, ex avvocato di Donald Trump	False dichiarazioni al Congresso	Dichiarate colpevoli; condannato a 3 anni di carcere il 12 Dicembre 2018
	Paul Manafort, ex presidente della campagna di Donald Trump	Due casi federali riguardanti frode fiscale e bancaria, riciclaggio di denaro e ostruzione alla giustizia	7.5 anni di carcere; $ 24 milioni in restituzione
	George Papadopoulos, ex collaboratore della campagna di Donald Trump	Mentendo all'FBI	Dichiarate colpevoli; condannato a 14 giorni di carcere

	NOME	ACCUSE	RISULATI
	Michael Flynn, ex consigliere per la sicurezza della nazionale	Mentendo all'FBI	Dichiarate colpevoli; condanna ritardata.
	Rick Gates, ex aiutante della campagna di Donald Trump	Cospirazione, mentendo all'FBI e all'ufficio del legale speciale	Dichiarate colpevoli; collaborare con i pubblici ministeri.
	Alex van der Zwann, avvocato	Mentendo all'FBI	Dichiarate colpevoli; condannato a 30 giorni di carcere.
	Richard Pinedo, broker di dati	Frodi di identità	Dichiarate colpevoli; condannato a sei mesi di carcere.
	Konstantin Kilimnik, associato di Paul Manafort	Ostruzione della giustizia, cospirazione per ostacolare la giustizia	

	NOME	ACCUSE	RISULATI
	12 agenti dell'intelligence per la GRU	Cospirazione della Russia per commettere reati informatici, furto di identità, riciclaggio di denaro	
	13 Russi e tre società affiliate	Cospirazione per frodare gli Stati Uniti, cospirazione per commettere frodi bancarie / bancarie, furto di identità	
	NOME	ACCUSE	RISULATI

FONTE: istanze del tribunale federale tramite AP

CAPITOLO QUATTRO

Precursore

Cassandra (anche chiamata Alexandra) in Mitologia greca era una principessa e veggente di Troia che era maledetta con i poteri di pronunciare profezie che sebbene vere non fossero mai state credute da coloro che le stavano attorno, specialmente quelli che le profezie avrebbero dovuto aiutare perché era privata del potere di persuasione. Le sue profezie più importanti riguardavano il rapimento di suo fratello Paris di Elena, la guerra di Troia e la distruzione di Troia.

Va bene per i diversi campi in una gara convincersi che stanno per prevalere sugli avversari. Dopotutto, questa è l'essenza della competizione o il motivo per cui le persone e le entità competono: non vedono l'ora di vincere e ottenere i benefici delle loro vittorie. In realtà, non intendono solo vincere; si aspettano di avere la meglio sugli avversari in modo da dissuadere i loro avversari sconfitti dal metterli di nuovo alla prova. E come spesso accade, non smetterebbero di prepararsi per il giorno della competizione fino all'ultimo minuto.

Esprimere paure o preoccupazioni per il tuo avversario è spesso considerato come una misura della tua comprensione della forza del / dei concorrente / i o della competizione che stai affrontando. La paura potrebbe essere paralizzante se gli permetti di sopraffarti. Tuttavia, quando si tratta dei veri motori e agitatori di questo mondo, la paura è spesso un motivatore, lo sparo che li spingerebbe fuori dalla loro compiacenza e susciterebbe i loro sensi, spingendoli a superare gli ostacoli che non immaginavano di prevalere su un breve tempo fa. La paura poi li rafforza; la paura diventa una forza, un canale per la conoscenza. Dopotutto, Sun Tzu, l'antico ma famoso generale cinese, stratega militare, scrittore e filosofo, non ha spiegato l'importanza di conoscere il tuo nemico nel suo memorabile libro "L'Arte della Guerra", quando scrisse tra l'altro che *"Se conosci il nemico e conosci te stesso, non devi temere il risultato di cento battaglie."*

Ecco perché quando elementi dei media di sinistra, in particolare quelli che si sono guadagnati una reputazione negli anni per essere virulentemente contro il 45 °

presidente degli Stati Uniti d'America, hanno espresso preoccupazioni che hanno esplicitamente o implicitamente detto al loro pubblico che anche loro pensano che Donald Trump ha un'alta probabilità di vincere le elezioni presidenziali del 2020 a meno che non accada qualcosa di drammatico, ci si aspetta che le prendiamo sul serio. Alcuni potrebbero vedere questi peculiari anti-trumpisti che fanno eco a quei sentimenti come messaggeri del destino, non sapendo che ci sono altri che discernono qualcosa di più complesso nelle dichiarazioni dei presunti condannatori del giudizio. Queste persone interroganti contro Trump vedono la conoscenza, se non la saggezza, che viene diffusa dai "Cassandristi" nei media. In un certo senso, i media anti-Trump che fanno eco a quelle visioni apparentemente negative stanno davvero mettendo in guardia i promettenti democratici e il Partito democratico in generale a non sottovalutare l'uomo che hanno perseguitato negli ultimi quattro anni nella speranza di dissuaderlo.

È un dato di fatto, un articolo di Vox.com del 22 Marzo 2019 ha fatto eco a quel sentimento attraverso il suo primo paragrafo che recitava così: *"Per i democratici, c'è una grande paura che si dirige verso le elezioni del 2020: un'economia in forte espansione potrebbe salvare Donald Trump."*

Tuttavia, è l'articolo di Goldman Sach del 25 Giugno 2019 a favorire Donald Trump per vincere la rielezione nel 2020 che solleva le sopracciglia. Intitolato "The Goldman Sachs Donald Trump Chart che dovrebbe spaventare i democratici in questo momento", è stato espulso sull'articolo di Vox.com utilizzando la matrice del prodotto interno lordo (PIL), che sebbene non sia la misura completa del benessere economico di un paese, si è strettamente correlato con le vittorie passate delle elezioni negli Stati Uniti quando l'economia non si sta restringendo o ristagnando, e soprattutto quando la crescita del PIL è buona. L'articolo di Goldman Sachs è stato succinto nella sua previsione o cautela quando ha scritto che: *"Ancora più importante è che l'economia potrebbe indebolirsi prima del tempo delle elezioni. Ma la stima di crescita del 2,2% di Goldman rappresenta già un rallentamento rispetto al 2,9% dell'anno scorso. Potrebbe essere ancora abbastanza.."*

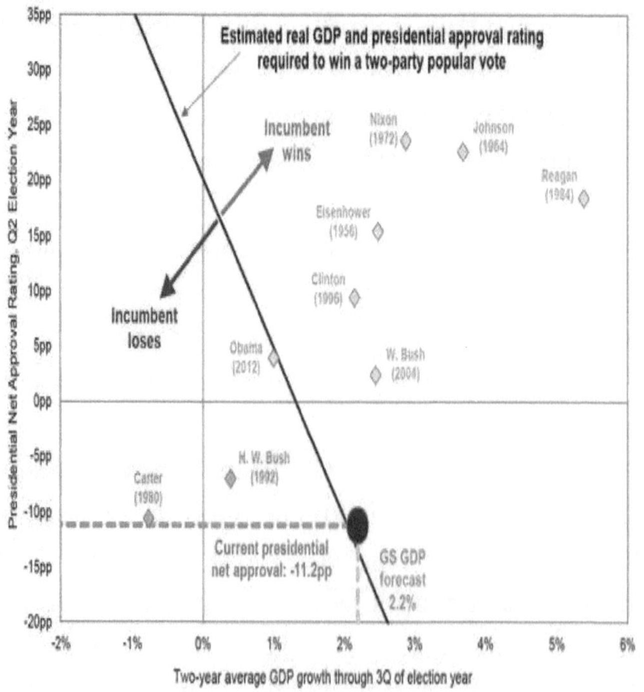

Non è difficile capire perché la banca di investimento multinazionale americana e la società di servizi finanziari abbiano dovuto soffermarsi così tanto sull'economia. È un'entità aziendale e, come tale, prospera su un'economia robusta perché un'economia in forte espansione fa bene alle imprese. Questo è il motivo per cui Goldman Sachs vede un'inevitabile vittoria di Donald Trump nel 2020 se le elezioni presidenziali vengono contestate principalmente sul retro dell'economia. Tuttavia, ci sono altri fattori che Donald Trump può sfruttare per vincere le elezioni presidenziali del 2020 nonostante l'economia o in aggiunta ad essa. Uno di questi ha più a che fare con la psicologia di ogni altra cosa. Gli operatori storici hanno una probabilità da 2 a 1 di vincere la rielezione, come mostra chiaramente la tabella seguente. Tuttavia, il ruolo storico e i vantaggi che comporta non sono elementi su cui soffermarsi in questo capitolo. Esamineremo le cose che fanno battere gli Stati Uniti d'America e come Donald Trump ne sta approfittando per vincere la gara del 2020 per la Casa Bianca.

Regioni degli Stati Uniti d'America

Midwest	Midwest
Northwest	Nord-Ovest
Southeast	Sud-Est
Southwest	Sud-Ovest
West	Ovest

TABLE 2

Has the Party Holding the Presidency Kept It?[a]

Elections with an Incumbent Candidate Running

Yes, Kept the Presidency (N = 21)	No, Lost the Presidency (N = 10)
1792 Washington	1800 J. Adams lost to Jefferson
1804 Jefferson	1828 J.Q. Adams lost to Jackson
1812 Madison	1840 Van Buren lost to W.H. Harrison
1820 Monroe	1888 Cleveland lost to B. Harrison
1832 Jackson	1892 B. Harrison lost to Cleveland
1864 Lincoln	1912 Taft lost to Wilson
1872 Grant	1932 Hoover lost to F.D. Roosevelt
1900 McKinley	1976 Ford lost to Carter
1904 T. Roosevelt	1980 Carter lost to Reagan
1916 Wilson	1992 G.H.W. Bush lost to Clinton
1924 Coolidge	
1936 F.D. Roosevelt	
1940 F. D. Roosevelt	
1944 F.D. Roosevelt	
1948 Truman	
1956 Eisenhower	
1964 L.B. Johnson	
1972 Nixon	
1984 Reagan	
1996 Clinton	
2004 G.W. Bush	

Has the Party Holding the Presidency Kept it?	Lo ha tenuto il partito che detiene la presidenza?
Elections with an Incumbent Candidate Running	Elezioni con un candidato in carica in esecuzione.
Yes, Kept the Presidency *No, Lost the Presidency*	Sì, ha mantenuto la presidenza No, ha perso la presidenza.

Nel nostro viaggio mano nella mano per analizzare quei fattori che determinerebbero i risultati delle elezioni presidenziali del 2020, ci verranno presentati i fili mai immaginati prima che si stanno perfezionando nelle diverse regioni del paese per fare la corsa 2020 per i bianchi House il più colorato del suo tempo.

www.ingramcontent.com/pod-product-compliance
Lightning Source LLC
Chambersburg PA
CBHW031139250726
48655CB00002B/748